THERAPIESPIELE
FÜR KINDER

Über 100 spielerische
Aktivitäten zur Förderung von
Selbstwertgefühl, Selbstvertrauen,
Resilienz, Achtsamkeit &
Selbstregulation

Tara Wilson
Übersetzt von Maximilian Reger

https://www.facebook.com/voxpublishinghouse

Inhalt

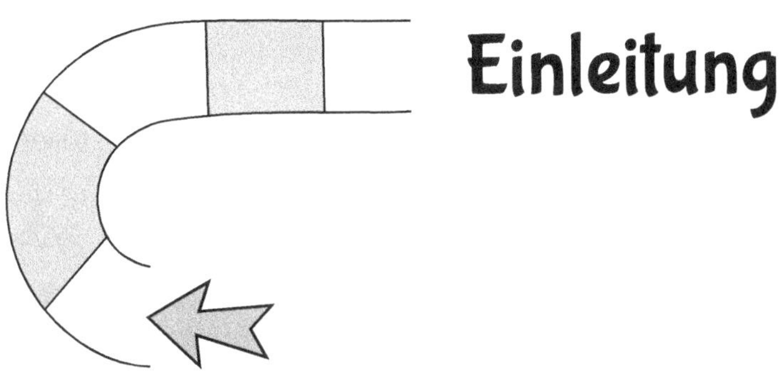

Einleitung

Was bedeutet eigentlich der Begriff „Therapie" genau und warum ist diese für Kinder essenziell? Traditionell wird eine Therapie eingesetzt, um Störungen zu heilen, aber warum sollten Menschen erst warten müssen, bis sie an diesen leiden, um von Therapiestrategien zu profitieren? Wenn Eltern ihren Kindern Kompetenzen für das Leben beibringen, begünstigen sie die persönliche Entwicklung und fördern damit den Fokus auf die Herausbildung charakterlicher Stärken. Bedeutet dies, dass diese Kinder an Störungen leiden, die behandelt werden müssen? Nein, natürlich nicht, denn den Kindern Lebenskompetenzen beizubringen, ist genauso wichtig wie sie das Laufen und Sprechen zu lehren.

Kinder sind wie ein unbeschriebenes Blatt, jeden Tag machen sie neue Erfahrungen und lernen Gefühle kennen, die zunächst überwältigend zu sein scheinen. Deshalb ist dies eine großartige Möglichkeit für dich, deinen Kindern zu helfen und eine Bindung zu ihnen aufzubauen, indem du ihnen all diese neuen Erfahrungen spielerisch erklärst und ihnen hilfst, damit umzugehen. Nicht alle Kinder werden mit der Fähigkeit geboren, neue Freunde zu finden oder von selbst zu erkennen, warum sie wütend werden. Neue Emotionen kennenzulernen, ist jedoch ein wichtiger Teil ihrer Entwicklung und essenziell für ihr emotionales Wohlbefinden. „Therapie" ist ein Begriff, der in diesem Zusammenhang verschiedene Wege beschreibt, um zu verstehen, wie man wächst und zu einem besseren Menschen wird, der gesunde Beziehungen aufbauen und als positive Kraft wirken kann.

Manche mögen ja behaupten, dass Kinder erst dann einer formellen Therapie unterzogen werden sollten, sobald sie emotionale Probleme durchleben, aber die in diesem Buch zusammengestellten Spiele sollen Kindern helfen, sich bereits mit ihrem mentalen Zustand und ihrer emotionalen Stabilität besser vertraut machen zu können, bevor sie professionelle Hilfe brauchen. Die Spiele in diesem Buch decken eine umfassende Altersspanne ab, denn, wie wir als Eltern wissen, entwickeln sich nicht alle Kinder gleichermaßen schnell. Manche ähneln früh kleinen Erwachsenen, die so schnell heranreifen, dass sie darüber vergessen, wie man loslässt und unbeschwert Spaß haben kann. Andere Kinder hingegen sind glücklicher, wenn sie innerhalb ihrer kindlichen Grenzen bleiben.

Spiele bieten jedoch für alle eine Gemeinsamkeit. Alle Kinder lieben es schließlich, zu spielen und so behandelt dieses Buch alle Arten von spielerischen Aktivitäten, mit denen die Kleinen ihre Gefühle in den Griff bekommen und sich mit Emotionen und deren Auswirkungen auf das Verhalten vertraut machen können. Ist dies also eine Therapie? Nun, etliche dieser Spiele wurden von professionellen Coaches und Therapeuten entwickelt, während andere eher zu den traditionellen Lieblingsspielen gehören. All diese Spiele können sowohl online, daheim, im Garten oder auch in der Schule genutzt werden und helfen Kindern dabei, zwischenmenschliche Bindungen zu knüpfen, die Kunst des Teamworks zu erlernen und als Einzelne effektiv zu arbeiten.

Also, Therapie oder therapeutisch? Es liegt an dir! Diese große Bandbreite an Spielen ermöglicht dir die richtige Auswahl. So findest du jene Spiele, die zu deinen Kindern und ihren Bedürfnissen passen und obendrein bekommst du frische Ideen, wie du diese Aktivitäten pädagogisch zielführend gestalten kannst. Egal, ob es sich um alberne oder komplexe Spiele handelt, oder aber irgendwo dazwischen angesiedelt ist - worauf wartet ihr noch? Spielt einfach nach Herzenslust drauflos und entdecke auch du dein inneres Kind wieder, während ihr gemeinsam Zeit verbringt!

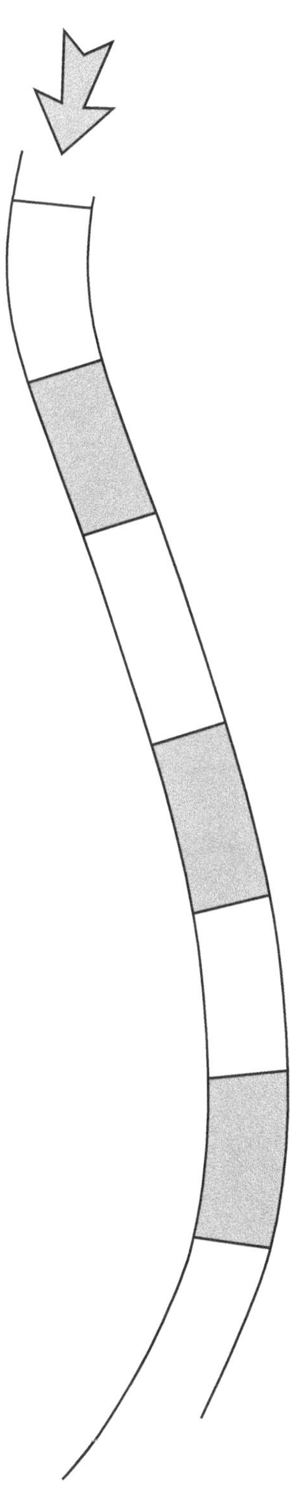

Selbstvertrauen & die Verbesserung des Selbstwertgefühls

Sobald Kinder ein geringes Selbstwertgefühl oder mangelndes Selbstvertrauen haben, kann es schwierig werden, sie davon zu überzeugen, dass ihre Gedanken auf ihre Umgebung oder Probleme in der Vergangenheit zurückzuführen sind. Dann müssen sie von ihren Mitmenschen bestärkt werden und sich gewollt, geliebt und wertgeschätzt fühlen. Diese Spiele helfen dir aktiv dabei, eine Bindung zu ihnen aufzubauen und geben ihnen die Möglichkeit, dir mehr über ihre Gedankengänge zu erzählen.

In jungen Jahren ist das mentale Rüstzeug eines Kindes noch in der Entwicklung, und wenn ein solcher Mangel an Selbstwertgefühl nicht behoben wird, kann er die weitere mentale Entwicklung behindern. Diese Therapiespiele ermöglichen es dir, deinen Kindern das Gefühl zu geben, Teil eines gesunden Kollektivs zu sein und geben ihnen die Chance, Selbstvertrauen in ihre Fähigkeiten zu entwickeln.

Schnitzeljagd

Über das Spiel: Das erfordert ein bisschen Planung im Vorfeld, aber es fördert das Denkvermögen und macht allen Beteiligten Spaß. Jeder Spielteilnehmer muss sich auf das Erzählen von Geschichten einlassen und genau zuhören.

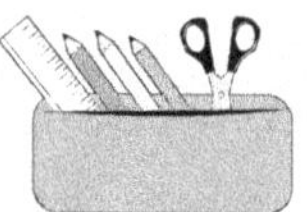 ## Spielmaterialien:

Es gibt drei verschiedene Gegenstände für jeden Spielteilnehmer. Das können zum Beispiel ein Ball, eine Gabel, ein Spielzeug oder ein Kleidungsstück sein, dazu ein Bleistift und ein Blatt Papier für jedes Kind.

 ## Benötigte Zeit:

Die Kinder sollten etwa fünf Minuten Zeit bekommen, um die Gegenstände zu finden, und dann fünf weitere Minuten, um über deren Geschichte nachzudenken und davon zu erzählen. Lege die Länge der Geschichte nicht fest und lass die Kinder entscheiden, wie lang oder kurz sie sein soll.

Wie viele spielen mit: At least three players

Schwierigkeitsgrad: 3

 ## Hilfreiche Tipps:

Sorge dafür, dass die Gegenstände leicht zu verstecken sind, damit sich die Kinder auf das Erzählen der Geschichten konzentrieren können. Je besser sie im Geschichtenerzählen werden, desto mehr ungewöhnliche Gegenstände kannst du verwenden, sodass sie über den Tellerrand hinausschauen müssen. Ändere auch die Spielrichtung insofern ab, dass die Kinder die Auswahl der Gegenstände bestimmen.

Wie man spielt

1. Verstecke die Gegenstände im Haus oder im Garten, je nachdem, wo du das Spiel veranstaltest.
2. Benutze Hocker oder Kissen, um einen Bereich zu schaffen, in dem jeder Spieler sitzen kann und lege Stift und Papier dort bereit.
3. Sag den Kindern, dass sie jeweils drei Gegenstände finden und so schnell wie möglich zurückkehren sollen.
4. Sobald alle zurückkommen, sollen sie nach links schauen und sehen, was ihr Sitznachbar vor sich liegen hat.
5. Sag den Kindern, dass sie eine Geschichte über die Gegenstände des anderen Kindes notieren und sich bereit machen sollen, diese dem Rest der Gruppe zu erzählen.
6. Ermutige sie, in ihrem Sitzbereich aufzustehen und dem Rest der Gruppe ihre Geschichte offen zu erzählen.

Themen, die du besprechen kannst: Fiel es den Kleinen leicht, eine Geschichte mit ihren Gegenständen zu (er)finden? Hätten sie sich gewünscht, andere Gegenstände zu haben, anstatt derer, die sie bekamen? Wie interessant fanden sie die Geschichten der anderen Kinder? Fiel es ihnen schwer, darauf zu warten, ihre Geschichte zu erzählen, oder waren sie froh, den anderen Geschichten zu lauschen?

Mach' ein Kompliment

Über das Spiel: Dieses Spiel soll Kinder dazu ermutigen, wunderbare Dinge über einander auszusprechen und sich selbstbewusster zu fühlen.

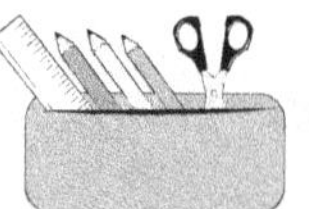 **Spielmaterialien:**

Ein Ball oder ein Säckchen zum Werfen.

 **Benötigte Zeit:**

Fang zunächst bei zwei Minuten an, damit das Spiel interessant bleibt.

Wie viele spielen mit: Variabel, aber mehr als drei.

Schwierigkeitsgrad: 1

 **Hilfreiche Tipps:**

Falls du den Eindruck hast, dass es deinen Kindern schwerfällt, nette Dinge übereinander zu sagen, schreibe einfach ein paar Vorschläge auf ein Blatt Papier nieder, damit die Kleinen diese verwenden können, wenn sie mal nicht von selbst weiterkommen. Zuschreibungen wie „freundlich", „optimistisch" und „großzügig" werden werden dazu beitragen, positive Dinge zu sagen.

Wie man spielt

1. Sag den Kindern, sie sollen sich in einem Kreis aufstellen.
2. Gib dem ersten Kind den Ball und bitte darum, diesen einem anderen Kind zuzuwerfen.
3. Das erste Kind soll dann ein Kompliment über das zweite Kind sagen.
4. Das zweite Kind muss danach seinerseits den Ball zu einem anderen Kind werfen und ein Kompliment sagen.
5. Wiederhole das, bis die Zeit abgelaufen ist.

Themen, die du besprechen kannst: Wie haben sich die Kleinen gefühlt, als ihnen jemand ein Kompliment gemacht hat? Haben sie etwas Neues über den anderen Spielteilnehmer erfahren? Fiel es leicht, anderen ein Kompliment zu machen? Haben sie allen Komplimenten Glauben geschenkt und dachten sie, dass diese ehrlich gemeint waren?

Lerne die Welt durch den Magen kennen

Über das Spiel: Kinder können ganz schön wählerisch sein, wenn es ums Essen geht, und sich an bestimmte Geschmäcker gebunden fühlen. Mit diesem Spiel können sie sowohl das Essen als auch Kulturen aus aller Welt kennenlernen. Sie lernen so, das Unbekannte zu akzeptieren und die Unterschiede zu begrüßen, anstatt sie zu fürchten.

Spielmaterialien:

Diese hängen von den beteiligten Kindern ab. Falls du Kinder aus anderen Kulturen oder Ländern dabei hast, dann bitte sie, eine Speise mitzubringen, welche die anderen probieren können. Sprich mit den anderen Müttern ab, wer etwas Herzhaftes und wer etwas Süßes mitbringt, damit ihr ein ausgewogenes Verhältnis bekommt. Du kannst die Kinder auch in die Zubereitung der Köstlichkeiten mizeinbeziehen, einen Feinkostladen in deiner Nähe besuchen oder im Internet nach abwechslungsreichen Gerichten suchen. Nimm eine Weltkarte und bunte Stifte für jedes mitspielende Kind hinzu.

Benötigte Zeit:

Etwa eine Stunde sollte euch allen genug Zeit geben, das Essen zu probieren und eure Erfahrungen untereinander auszutauschen, ohne dass es langweilig wird.

Wie viele spielen mit: Mindestens vier, aber theoretisch so viele, wie ihr wollt, sofern genug Platz vorhanden ist.

Schwierigkeitsgrad: 2 - 3, abhängig davon, ob selbst zubereitet wird.

Hilfreiche Tipps:

Stellt sicher, dass ihr alle genau wisst, was in jedem Gericht enthalten ist und welche Allergien die Kinder haben, damit ihr negative Erfahrungen von vornherein vermeiden könnt. Das Gleiche gilt für Gewürze und alle Speisen, die besonders scharf sind. Halte dich also an Gerichte, die anders schmecken, aber nicht übermäßig stark gewürzt sind, zumindest bis sich die Kinder an exotischere Zutaten gewöhnt haben.

Wie man spielt:

1. Gib jedem Kind einen Satz Besteck und etwas Wasser.
2. Setze sie an den Tisch oder auf den Boden, damit sie alle Speisen leicht erreichen können.
3. Teile die Weltkarte und die Stifte aus.
4. Während du jedes Gericht servierst, fragst du danach, woher das Gericht ihrer Meinung nach kommt und wo sich dieses Land auf der Karte befindet.
5. Bitte darum, diese Länder zu markieren und aufzuschreiben, welche Sprache ihrer Meinung nach in dem jeweiligen Land gesprochen wird.
6. Wiederholt das, bis alle Gerichte probiert wurden.

Themen, die du besprechen kannst: Welche Gerichte haben am besten geschmeckt? Macht die Verkostung von Speisen aus einem Land Lust darauf, dieses in Zukunft selbst zu besuchen? Würden die Kinder gerne mehr Gerichte aus verschiedenen Kulturen probieren?

Das „Wer bin ich?"–Spiel

Über das Spiel: Bei diesem Spiel geht es um Selbsterkundung, was den Kindern dabei hilft, ihr Selbstwertgefühl zu beschreiben. Das verleiht dir einen Einblick in die Gedankenwelt der Kinder in Bezug auf sich selbst, so dass du ihnen dabei helfen kannst, an ihrem Selbstvertrauen zu arbeiten und selbstkritische Gedanken über sich selbst abzubauen.

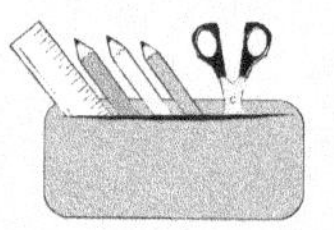 **Spielmaterialien:**

Ein großes Blatt Papier, ein Bild des mitspielenden Kindes, glitzernde Stifte, Buntstifte, Glitter und kleinere Pappstückchen. Zeitschriften und andere Papierbildchen können ebenfalls verwendet werden.

 **Benötigte Zeit:**

Dreißig Minuten.

Wie viele spielen mit: Nicht mehr als zwei simultan, damit du jedem Kind deine volle Aufmerksamkeit schenken kannst.

Schwierigkeitsgrad: 1

 **Hilfreiche Tipps:**

Es gibt keine richtigen oder falschen Wege, dieses Spiel zu spielen, und das Ergebnis ist der Preis. Gib den Kindern so viel Material wie möglich, fang einfach an und benutze nur Stifte, aber steigere dich, wenn das Spiel spannender wird.

Wie man spielt:

1. Räume einen großen Tisch frei und decke ihn mit einem Laken ab.
2. Gib deinem Kind ein großes Blatt Papier und sag ihm, dass es sein Bild in die Mitte kleben soll.
3. Gib dann die Möglichkeit, das Blatt Papier zu verzieren.
4. Auf die kleineren Blättchen sollten sowohl positive als auch negative Adjektive zur Selbstbeschreibung notiert werden.
5. Gib vor, dass solche Adjektive, die von Dritten kommen, nur dann genannt werden sollen, wenn das Kind an deren Wahrheitsgehalt glaubt.
6. Klebt diese Adjektive auf das große Blatt Papier, beachtet dabei, dass die wichtigsten ganz oben stehen sollten.

Themen, die du besprechen kannst: Glaubt dein Kind jedes Wort auf dem Papier? Was möchte dein Kindern verändern, falls überhaupt etwas geändert werden soll? Ist dein Kind froh darüber, wenn es das Übungsblatt im eigenen Zimmer aufhängen kann, damit es tagtäglich betrachtet werden kann? Hat das Spiel Spaß gemacht?

Das „Mama & ich"–Spiel

Über das Spiel: Kinder brauchen gemeinsame Zeit mit ihren Eltern und ein bisschen gemeinsame Zeit kann viel bewirken. Denke daran, dass „Eltern" ein geschlechtsneutraler Begriff ist, also ändere die Titel entsprechend der Rolle des mitspielenden Erwachsenen.

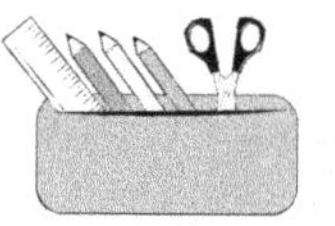 **Spielmaterialen:**

Vier Stück Pappe, ein Satz Buntstifte und Schablonen.

Benötigte Zeit:

10 Minuten

Wie viele spielen mit: Ein Erwachsener und ein Kind.

Schwierigkeitsgrad: 1

 **Hilfreiche Tipps:**

Sei ehrlich, denn Kinder erkennen Lügen und diese würden sie nur dazu bringen, alles in Frage zu stellen, was du ihnen erzählst. Gib also nur echtes Feedback und konzentriere dich auf ihre tatsächlichen Qualitäten und weniger auf solche, die sie besser können sollten.

Wie man spielt

1. Schabloniere die Wörter Ich, Meine Mama, Ich und Mein Junge/Mädchen oben auf.
2. Der Erwachsene Elternteil bekommt die Blätter Ich und Mein Junge/Mädchen, während das Kind die anderen erhält.
3. Schreibt nun positive Eigenschaften über dein Gegenüber und dich selbst auf.
4. Tauscht die Blätter aus und lest die Worte vor, die darauf stehen.
5. Du kannst das Spielelement verstärken, indem du jedes Mal Punkte vergibst, wenn die Komplimente übereinstimmen und beide die gleichen Eigenschaften notiert haben.

Themen, die du besprechen kannst: Gab es etwas, das euch beide überrascht hat? Was war das Beste, was man über dich gesagt hat und umgekehrt? Wie hat euch beiden das Spiel gefallen? Würdet ihr es in Zukunft gerne wiederholen?

Das „Positive Selbstgespräche"–Spiel

Über das Spiel: Dies ist ein Therapiespiel, das Kinder dazu ermutigt, positiv über sich selbst und andere zu denken. Kinder erhalten Wörter und Sätze, die hilfreich, nicht hilfreich oder eher neutral sind und müssen sie je nach ihrer Wahrnehmung in einen dafür vorgesehenen Behälter legen.

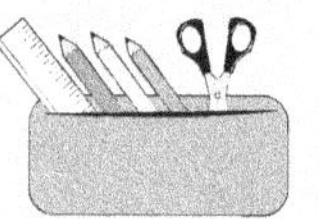

Spielmaterialien:

Klebezettel und Stifte für jedes Kind, drei Körbchen und eine Tabelle für die Punktevergabe.

Benötigte Zeit:

20 Minuten

Wie viele spielen mit: Vier Kinder simultan.

Schwierigkeitsgrad: 3

Hilfreiche Tipps:

Verwende für den Anfang einfache Sätze, damit sich die Kinder an den Ablauf gewöhnen können. Schreibe zunächst selbst sechs Wörter oder Sätze auf, welche die jeweiligen Kategorien repräsentieren und zeige auf, wo sie hingehören.

Wie man spielt

1. Beschrifte die drei Körbchen zunächst: positiv, negativ und neutral.
2. Bitte alle Kinder darum, ein Wort auf einen Klebezettel zu schreiben und es dann der Gruppe vorzulesen.
3. Dann sollen sie das Papier zerknüllen und in den passenden Korb werfen und ihre Gründe dafür erklären.
4. Frag die anderen Kinder, ob sie glauben, dass dies der richtige Korb ist.
5. Gib bekannt, ob sie erfolgreich waren und verteile die Punkte.

Themen, die du besprechen solltest: Hat den Kindern das Spiel Spaß gemacht? Haben sie das Gefühl, dass sie Selbstgespräche jetzt besser verstehen? Werden sie in Zukunft eine positivere Sprache verwenden?

Das „Ich wäre gern"–Spiel

Über das Spiel: Bei diesem Spiel können sich die Kinder vorstellen, was sie in der Zukunft werden wollen. Das kann ein Beruf sein, aber auch ein Verhalten oder ein Gefühl abbilden. Ähnlich wie bei einer Schauspiel können die Kinder vorspielen, wie sie sich in Zukunft verhalten wollen und wo sie sich als Erwachsene sehen, denn Ambitionen kommen in verschiedenen Aspekten zum Tragen. Du musst dir ein Handzeichen ausdenken, um zwischen körperlichen und emotionalen Ambitionen zu unterscheiden.

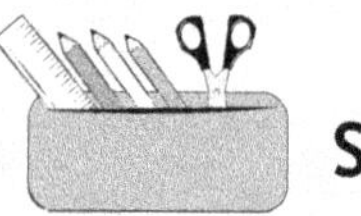 **Spielmaterialien:**

Ein Blatt zum Zeichnen und einen Stift oder Marker, Stoppuhr.

 **Benötigte Zeit:**

30 Minuten

Wie viele spielen mit: Maximal vier Mitspieler

Schwierigkeitsgrad: 3

Hilfreiche Tipps:

Dieses Spiel ist etwas komplexer und sollte mit älteren Kindern gespielt werden, die im Idealfall schon ihre Meinung darüber geäußert haben, was sie in Zukunft werden wollen. Du kennst deine Kinder und weißt deshalb in etwa, wie sie denken. Wenn du also glaubst, dass sie bereit dafür sind, dann legt los!

Wie man spielt

1. Bitte das Kind, vor die anderen zu treten und vorzuspielen, um welchen Beruf oder welches Verhalten es sich dabei handelt.

2. Nun spielt das Kind vor, was es in Zukunft werden möchte und die anderen Kinder raten.

3. Falls nötig, können Zeichenutensilien zu Hilfe genommen werden, aber jedes Kind sollte nach dreißig Sekunden gestoppt werden.

Themen, die du besprechen solltest: Warum wollen die Kinder ihr Verhalten ändern? Haben sie das Gefühl, dass sie für eine Veränderung bereit sind? Warum haben sie die gewünschten Berufe gewählt? Welche Eigenschaften brauchen sie für diesen Beruf?

Spiele für die Kultivierung sozialer Kompetenzen, die von Experten und Coaches entwickelt wurden, gibt es separat zu kaufen. Hier sind einige der effektivsten Spiele auf dem Markt für dich aufgelistet! Diese lehren deine Kinder, sich an Regeln zu halten und mit anderen zu kooperieren, während sie gleichzeitig ihr Selbstwertgefühl stärken.

▶ Totem

Dieses Spiel ist für die ganze Familie geeignet. Obwohl es für Kinder ab 8 Jahren empfohlen wird, können auch jüngere Kinder von diesem Spiel profitieren. Es soll Kindern dabei helfen, Folgendes zu erreichen:

1. *Entdeckt Stärken und Qualitäten der Kinder, indem ihr überprüft, wie andere Menschen darüber denken.*
2. *Lernt, Dankbarkeit auf natürliche Weise auszudrücken.*
3. *Auf natürliche Weise Kontakte zu anderen Kindern zu knüpfen und Freundschaften zu schließen.*
4. *Bekommt einen Einblick in die liebsten Mitmenschen.*
5. *Gewöhnt euch daran, Komplimente zu machen und diese auch anzunehmen.*
6. *Teilt eure Gefühle mit.*
7. *Baut intensivere Bindungen zu anderen Menschen auf.*

▶ Der Turm des Selbstvertrauens

Warum ist dieses Spiel so effektiv? Hier haben wir drei Sets von farbigen Karten, die Folgendes darstellen:

- Blaue Karten stehen für die persönliche Entwicklung, zum Beispiel: „Was kann ich gut?" „Welche ist meine Lieblingsfigur in einer Geschichte?"

- Rote Karten stehen für die Stärkung der emotionalen Intelligenz, z. B. „Was macht mich glücklich?", „Wann bin ich frustriert?"
- Gelbe Karten stehen für die Stärkung der sozialen Fähigkeiten, z. B. „Was kann ich von anderen Menschen lernen?", "Was habe ich schon einmal Nettes für jemand anderen getan?"

Jeder Mitspieler ist mit den Fragekarten an der Reihe und kombiniert seine Antworten mit seinen Gedanken zu der jeweiligen Frage. Alle befinden sich in einer angenehmen und stressfreien Spielumgebung und fühlen sich wohl, wenn sie über ihre Gefühle sprechen. Sobald die Teilnehmer geantwortet haben, müssen sie mit den anderen zusammenarbeiten, um einen starken und stabilen Turm zu bauen, was die Feinmotorik fördert. Die Kinder entwickeln ihr Selbstwertgefühl und ihre Kooperationsfähigkeiten, während sie gleichzeitig lernen, konstruktive Gespräche zu führen.

▶ Der Selbstwert–Verwandlungswürfel

Dies ist ein einfaches Würfelspiel, bei dem ein Würfel mit verschiedenen Fragen auf jeder Seite bestückt ist. Du kannst dir selbst welche basteln oder sie aus Online-Quellen ausdrucken. Würfelt drauflos und lasst die Fragerunde beginnen!

Spiele für Kommunikation, Teambildung & Kontaktaufnahme mit neuen Mitmenschen

Auch die erfolgreichsten Erwachsenen wissen, wie schwer es sein kann, einen Raum voller Fremder zu betreten, also können wir nachvollziehen, wie schwierig das für Kinder sein kann. Ob Schulanfang, der Eintritt in neue soziale Gruppen und das Kennenlernen von Freunden - all das gehört zur Kindheit dazu. Je mehr wir die Kommunikationsfähigkeiten von Kindern fördern und ihnen helfen, sich unter Unbekannte zu mischen, desto weniger Stress empfinden sie, wenn sie später Fremde treffen. Eltern sind immer darauf erpicht, ihren Kindern das Sprechen beizubringen, und verbale Kommunikation ist zweifellos wichtig, aber manchmal muss man auch Aktivitäten mit anderen Kommunikationsformen berücksichtigen, um Fähigkeiten zu entwickeln, die auf nonverbaler Kommunikation beruhen. Einige dieser Spiele sind so konzipiert, dass sie die Kommunikationsfähigkeiten rundum verbessern.

Ruhig aufstellen

Über das Spiel: Dieses Spiel gibt Kindern die Möglichkeit, Informationen miteinander zu teilen, ohne Worte zu benutzen. Es kann überall und jederzeit gespielt werden und eröffnet eine einfache und lustige Möglichkeit zur Kooperation von Kindern untereinander. Nach dem Spiel kannst du mit deinen Kindern darüber sprechen, auf welche Weise sie verschiedene Kommunikationsmöglichkeiten kultivieren können.

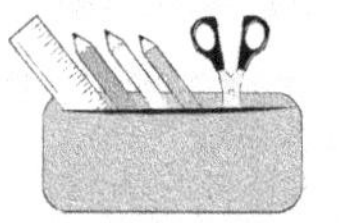 **Spielmaterialien:**

Ein Timer.

Benötigte Zeit:

Ein paar Minuten.

 **Wie viele spielen mit:**   Mindestens vier Kinder.

Schwierigkeitsgrad: 2

Hilfreiche Tipps:

Erkläre vorher, dass dieses Spiel non-verbal gespielt wird und ermutige die Kinder, vor dem Spiel zu besprechen, wie sie ohne Worte kommunizieren wollen. Sie können dafür jede beliebige Methode anwenden, solange sie nicht reden.

Wie man spielt

1. Versammle die Kinder in einem Kreis, bevor es beginnt.
2. Sag ihnen, dass sie sich in der Reihenfolge der von dir gewählten Kategorie aufstellen sollen (das kann nach Alter sein, nach dem Anfangsbuchstaben ihres Namens oder nach Geburtstag usw.).
3. Starte den Timer und beobachte, wie lange sie brauchen, um eine korrekte Reihe zu bilden.

Themen, die du besprechen solltest: Fiel es den Kindern leichter oder schwerer, sich ohne Worte zu verständigen? Hat ihnen das Spiel Spaß gemacht? Glauben sie, dass sie es beim nächsten Mal schneller hinbekommen könnten?

Das „Hula–Hoop–Weitergeben"–Spiel

Über das Spiel: Dies ist eine lustige spielerische Aktivität, die Teamwork und Koordinationsfähigkeiten fördert. Das Spiel ist einfach, aber effektiv und regt die Kinder zum Nachdenken an.

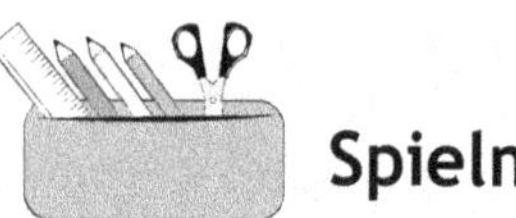 **Spielmaterialien:**

Ein Hula-Hoop-Reifen.

 **Benötigte Zeit:**

Ein paar Minuten.

Wie viele spielen mit: Mindestens vier Kinder; je mehr, desto lustiger wird es.

Schwierigkeitsgrad: 2

 **Hilfreiche Tipps:**

Du kannst die Dynamik des Spiels verändern, indem du die Kinder in der Reihenfolge ihrer Körpergröße aufstellst oder das Spiel durcheinander bringst. Warum lässt du die Kinder nicht die Reihenfolge selbst festlegen und schaust, ob sie merken, dass die Körpergröße ihren Erfolg beeinflusst?

Wie man spielt

1. Stelle alle Kinder in einer geraden Linie auf und bitte sie, sich an den Händen zu halten.

2. Beginne mit dem ersten Kind und hänge den Hula-Hoop-Reifen über seinen freien Arm.

3. Die Kinder müssen zusammenarbeiten, um den Reifen zum letzten Kind zu bringen, ohne die Hände loszulassen.

4. Zähle mit, wie lange der Reifen braucht, um von einem Ende der Linie zum anderen zu gelangen.

Themen, die du besprechen solltest: Haben alle Kinder die gleiche Methode angewandt, um den Reifen zum nächsten Kind zu bringen? Wie viel Spaß hat ihnen das Spiel gemacht? War es für die größeren Kinder schwieriger?

Das Turmbau–Spiel

Über das Spiel: Dies ist eine tolle Übung zur Teambildung und kann so schwierig oder einfach sein, wie individuell beabsichtigt. Für diese Version kannst du zahlreiche Dinge verwenden, die du daheim findest und es kann drinnen oder draußen gespielt werden.

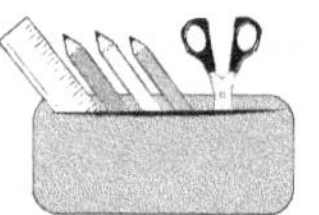 **Spielmaterialien:**

Alles, was du da hast und was sich für den Turmbau eignet. Plastikbecher, Teller, Eisstiele, Klebeband, Knete und andere kindgerechte Materialien. Eine Zeitschaltuhr und ein Maßband.

 **Benötigte Zeit:**

Etwa dreißig Minuten.

 **Wie viele spielen mit:** So viele, wie du willst - das Spiel macht umso mehr Spaß, wenn zwei Teams gegeneinander antreten!

 **Schwierigkeitsgrad:** 2-3

 **Hilfreiche Tipps:**

Startet besser mit Einwegmaterialien, die keine scharfen Kanten haben, damit sich die Kinder nicht verletzen.

Wie man spielt

- Nimm zwei Tische und lege auf jeden die gleichen Materialien.
- Sag den Teams, wie lange sie Zeit haben, um ihren Turm zu bauen.
- Lass die Kinder zusammenarbeiten, um ihren Turm aufzubauen und erinnere sie in regelmäßigen Abständen daran, wie viel Zeit sie noch übrig haben.
- Sobald die Zeit um ist, miss die Türme und erkläre, welcher der höchste ist.

Themen, die du besprechen solltest: Haben die Kinder festgestellt, dass sie gut zusammenarbeiten können? Hat sich jemand als natürlicher Anführer herauskristallisiert, oder haben alle gleich gut mitgearbeitet? Hätten die Kinder von selbst etwas anders gemacht?

▶ Das Marshmallow–Herausforderungs–Spiel

Über das Spiel: Dieses Spiel ähnelt dem Turmspiel von eben, aber du ersetzt die benötigten Materialien durch Marshmallows und Zahnstocher. Das Ziel ist dasselbe, nämlich einen hohen Turm zu bauen, aber nach dem Spiel könnt ihr die Marshmallows gemeinsam rösten und so einen geselligeren Rahmen für die Kommunikation der Kinder schaffen.

Das Spiel „Der innere Kompass"

Über das Spiel: Diese spielerische Aktivität lehrt Vertrauen und Kommunikation zueinander. Die Kinder lernen, genau zuzuhören und jemandem, der sich auf ihre Informationen verlässt, klare Anweisungen zu geben. Dies ist eine lustige, vertrauensbildende Maßnahme, die überall und mit unterschiedlichen Schwierigkeitsgraden gespielt werden kann.

 **Spielmaterialien:**

Eine Augenbinde.

Benötigte Zeit:

Zehn bis fünfzehn Minuten.

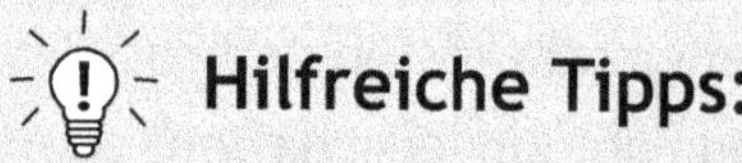 **Wie viele spielen mit:**   2 oder mehr Teilnehmer.

Schwierigkeitsgrad: 2-3

Hilfreiche Tipps:

Dieses Spiel funktioniert noch besser draußen mit natürlichen Gegenständen. Kinder lernen mit bemerkenswert einfachen Anweisungen, wie man navigiert.

Wie man spielt

1. Bildet Paare.
2. Wähle nun ein Kind aus, das den Kompass spielt und ein etwa 50 Meter entferntes Objekt in einer geraden Linie identifiziert.
3. Verbinde dem suchenden Kind die Augen und weist es an, zu dem Objekt zu gehen.
4. Das sehende Kind sollte das vorsagen und darauf achten, dass der Suchende nicht auf „ungeplante" Hindernisse stößt, indem es seine Schulter berührt.
5. Sobald der Suchende das Gefühl hat, dass er das Ziel erreicht hat, ist das Spiel zu Ende.
6. Nimm dem Suchenden die Augenbinde ab und zeige auf, wie nah oder weit er dran ist.

Themen, die du besprechen solltest: Hat das sehende Kind festgestellt, dass der Suchende nach rechts oder links abgewichen ist, und konnte es vorhersagen, wo er landen würde? Hatte das Kind mit den verbundenen Augen das Gefühl, dass es geradeaus geht? Wie fühlte es sich an, auf eine andere Person angewiesen zu sein, ohne auf die Sprache zurückzugreifen?

Das Bananenstaffelspiel

Über das Spiel: Bei diesem Spiel können die Kinder kreativ werden und im Team Ideen sammeln, wie sie eine Banane ans Ende eines Staffellaufs bringen können. Je größer die Teams sind, desto vielfältiger müssen die Methoden sein.

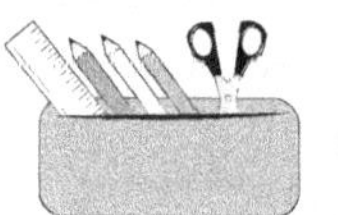

Spielmaterialien:

Eine Banane für jedes Team, Start- und Ziellinie und ein Timer.

Benötigte Zeit:

Etwa zehn Minuten.

Wie viele spielen mit:

Mindestens sechs Kinder; je mehr, desto lustiger.

Hilfreiche Tipps:

Du kannst den Parcours so kreativ gestalten, wie du willst, und Hindernisse einbauen, die die Kinder überwinden müssen. Wenn ihr drinnen spielt, kannst du mit Möbeln Hindernisse auf dem Parcours errichten. Draußen kannst du natürliche Hindernisse verwenden, um den Parcours interessanter zu gestalten.

Wie man spielt

1. Baue den Parcours auf und markiere die Start- und Ziellinie.
2. Teile die Kinder in Teams ein und gib je eine Banane, die sie auf dem Parcours tragen sollen.

3. Jedes Kind muss eine ungewöhnliche Art haben, die Banane zu tragen, und es gibt Extrapunkte für die kreativste.

4. Die Kinder müssen untereinander entscheiden, wer welche Methode anwendet. So kann zum Beispiel einer die Banane zwischen den Knien tragen, während ein anderer sie unter die Achselhöhle steckt.

5. Starte den Staffellauf und erinnere alle daran, dass sie sich zwischen Kreativität und Geschwindigkeit entscheiden müssen.

6. Du entscheidest über das Punktesystem und vergibst die Punkte entsprechend.

Themen, die du besprechen solltest: Waren die Kinder lieber kreativ und sind gehüpft oder rückwärts gelaufen, anstatt einfach nur zu rennen? War es einfach, sich darauf zu einigen, wer welche Methode durchführt, oder wollten einige Kinder dasselbe tun wie jemand anderes? Welche anderen Früchte würden den Kindern gefallen, um sie beim nächsten Staffellauf zu tragen?

Lego–Herausforderungen

Lego hat in letzter Zeit einen enormen Popularitätsschub erfahren. Fernsehsendungen, in denen Lego-Experten beeindruckende Dinge aufbauen, wie auch der Lego-Film haben dazu geführt, dass Kinder ihre Liebe zu diesen einfachen Steinen wiederentdeckt haben. Falls du eine Lego-Sammlung hast, weißt du ja bereits, wie viel Spaß es macht, mit deinen Kindern etwas zu bauen. Falls nicht, solltest du vielleicht darüber nachdenken, ein Starterset zu kaufen, um die motorischen Fähigkeiten und die Kreativität deiner Kinder damit zu fördern.

Über das Spiel: Du stellst deinen Kindern und ihren Freunden Sechzig-Sekunden-Aufgaben, um ihre Geschicklichkeit zu testen und zu sehen, wie sie als Team arbeiten können. Ermuntere deine Freunde dazu, alle etwas mitzubringen, was sie in ihrer Sammlung haben und mache die Übungen so zu einem gemeinsamen Spiel-Erlebnis!

Diese Aufgaben sollen die Fantasie der Kinder auf die Probe stellen. Während einige Aufgaben offensichtlich sind, sind andere eher flexibel angelegt und lassen die Kinder entscheiden, was sie bauen wollen. Die zeitliche Herausforderung macht ihnen dabei bewusst, dass es schnell gehen muss, und ermutigt sie, schnelle Entscheidungen zu treffen und sie in Echtzeit umzusetzen.

 **Spielmaterialien:**

Lego-Steine und ein Timer.

 **Benötigte Zeit:**

Du kannst natürlich eine reale Minute je Herausforderung festlegen.

 **Wie viele spielen mit:** Mindestens zwei Kinder pro Team.

 **Schwierigkeitsgrad:** 3

 **Hilfreiche Tipps:**

Denkt nicht zu viel über die Herausforderungen nach und sorge dafür, dass es Spaß macht. Es geht nicht darum, ein beeindruckendes Objekt zu bauen, sondern vielmehr darum, gemeinsam etwas zu schaffen, das dem Ziel der Herausforderung *ähnelt*. Halte die Aufgaben einfach, aber interessant - hier sind einige Ideen aufgelistet, die du verwenden kannst:

- Baut einen Roboter.
- Baut etwas, das fliegt.
- Baut etwas, das ihr jeden Tag seht.
- Baut eine Pizza.
- Baut einen Turm mit vier verschiedenen Farbstufen.
- Baut den höchstmöglichen Turm.
- Baut ein Raumschiff.

Wie man spielt

1. Gib jedem Team Zugang zu den Lego-Steinen und einen Platz zum Arbeiten.
2. Erkläre die Herausforderung und starte den Timer.
3. Wenn die Zeit abgelaufen ist, entscheidet ihr, welches Team den besten Turm gebaut hat.

Themen, die du besprechen solltest: Hatte jedes Team einen Anführer oder haben sie alle gleich viel beigetragen? Haben die Herausforderungen die Kinder inspiriert? Haben sie vor, ihre Legosammlung in Zukunft zu vergrößern?

Das „Blinde Maus"–Spiel

Über das Spiel: Bei diesem Spiel geht es darum, zuzuhören und klare Anweisungen zu geben. Das gibt den Kindern die Möglichkeit, Probleme zu lösen und Hindernisse zu überwinden. Sie erleben die Verantwortung, ihren Teamkollegen durch einen Parcours zu führen, der sie an Ziel bringen soll.

 **Spielmaterialien:**

Klebeband oder ein Seil zum Markieren des Parcours, Hindernisse, die die Kinder überwinden müssen, Möbel oder Kisten, an denen sie sich nicht verletzen können.

 **Benötigte Zeit:**

Etwa dreißig Minuten, einschließlich des Aufbaus.

Wie viele spielen mit: Zwei Teilnehmer pro Team.

Schwierigkeitsgrad: 3

 **Hilfreiche Tipps:**

Bei diesem Spiel kommt es darauf an, wie viel Platz du zur Verfügung hast und welchen Schwierigkeitsgrad du einstellst. Halte es für jüngere Kinder einfach, konzentriere dich auf die Erfahrung, von einer fremden Stimme geführt zu werden und erhöhe die Schwierigkeitsstufen, sobald sie sich an das Spiel gewöhnt haben.

Wie man spielt

1. Lege den Parcours fest und markiere ihn deutlich mit Klebeband oder einem Seil.
2. Einem Kind werden die Augen verbunden, und das andere ist die führende Stimme, der es folgen muss.
3. Das erste Kind läuft um den Parcours, während das zweite Kind die Anweisungen ruft.
4. Stoppe die Zeit der Kinder, das schnellste Team gewinnt.
5. Tausche die Kinder untereinander, damit sie die Erfahrung machen können, dass sie sowohl der Anführer als auch der Suchende sind.

Themen, die du besprechen solltest: Welche Rolle hat jedem Kind am meisten Spaß gemacht? Hätte der Parcours schwieriger sein können oder anspruchsvollere Hindernisse enthalten sollen? Solltet ihr das Spiel in Zukunft auf Video aufnehmen, damit die Kinder ihre Bemühungen nachträglich beobachten können?

Gruppen–Seilspringen

Über das Spiel: Dies ist ein beliebter Schulhof-Klassiker - mit einem gewissen Etwas! Die Kinder bilden Teams, die zusammenarbeiten und nach deinen Anweisungen im Tandem springen. Das macht Spaß und kann überall und mit einer unendlichen Anzahl von Kindern gespielt werden. Spielt drinnen oder draußen im größeren Kreis, um allen eine superspaßige Möglichkeit zu geben, die Koordination zu erlernen. Die Anweisungen kommen spontan und jedes Team muss sich selbst organisieren und schnell handeln.

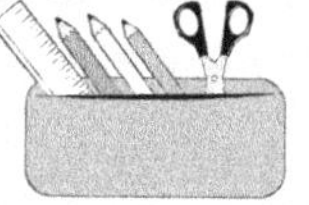 **Spielmaterialien:**

Ein langes Springseil.

 **Benötigte Zeit:**

Etwa fünfzehn Minuten sollten ausreichen.

Wie viele spielen mit: Zwei Erwachsene oder ältere Kinder, die das Seil drehen und dann so viele springende Kinder, wie erwünscht.

Schwierigkeitsgrad: 3

 **Hilfreiche Tipps:**

Kennzeichne die spielenden Kinder mit Nummern oder Farben, damit sie schnell zur Seilaktion aufgerufen werden können. Sorge dafür, dass alle Kinder genug Platz haben, um das Seil zu betreten und zu verlassen. Ein Punktesystem kann auch verwendet werden, um den Wettbewerbsdrang unter den Kindern zu erhöhen.

Wie man spielt

1. Fang an, das Seil zu drehen, und rufe ein Kind auf, mitzuspringen.
2. Variiere die Anweisungen, indem du vertauschst, wer am Seil ist und wer es verlassen muss.
3. Sobald das Seil durch die Aktionen der Springenden gestoppt wird, müssen alle runtergehen und das Spiel beginnt von vorne.

Themen, die du besprechen solltest: Wie viele Kinder waren am Seil, als es am vollsten war, und hätten mehr dazugepasst? Wer war dafür verantwortlich, dass die Kinder zur richtigen Zeit eingestiegen sind? Wäre das Spiel mit mehr oder weniger Kindern besser gewesen?

Das „Bob, das Wiesel"–Spiel

Über das Spiel: Bei dieser Übung geht es darum, die Körpersprache von jemandem zu lesen und subtile Veränderungen im Verhalten eines Kindes zu erkennen. Das bietet eine Chance für die Kleinen, heimlich Dinge zu verstecken, ohne Ärger zu bekommen.

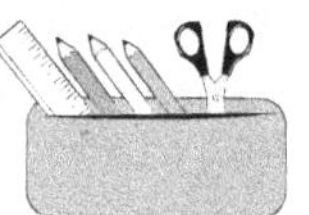 **Spielmaterialien:**

Etwas Kleines, das die Kinder unauffällig verstecken können, wie einen Ball oder ein kleines Spielzeug. Ein Radio oder etwas anderes, das Musik abspielt.

 **Benötigte Zeit:**

Ein paar Minuten pro Spielrunde.

Wie viele spielen mit: Mindestens sechs Kinder müssen mitspielen.

 **Schwierigkeitsgrad:** 2

 **Hilfreiche Tipps:**

Die Musik hilft den Kindern dabei, sich auf die Zeit zu konzentrieren, aber das Spiel kann auch leise gespielt werden, um die Geräusche hervorzuheben, welche die Kinder machen, wenn sie ein Objekt passieren.

Wie man spielt

1. Setze alle Kinder in einen Kreis und wähle ein Kind als „Bob, das Wiesel" aus, das sich dann in die Mitte des Kreises setzt.

2. Wähle ein Kind, welches das Spiel beginnt, indem du ihm den Gegenstand reichst.

3. Alle Kinder nehmen die Hände auf den Rücken und fangen an, den Gegenstand herumzuschieben.

4. Wenn die Musik aufhört oder du ankündigst, dass es Zeit ist, muss das Kind in der Mitte, Bob das Wiesel, herausfinden, wer den Gegenstand hat.

5. Wenn Bob richtig liegt, wird dieses Kind zum Wiesel und Bob nimmt dessen Platz ein.

6. Das Spiel geht so lange weiter, bis alle Kinder einmal Bob waren.

Themen, die du besprechen solltest: Wer war der beste Bob? Wer war das beste Kind beim Verstecken? Was waren die verräterischsten Anzeichen dafür, dass jemand das Objekt hatte?

Das „Nach oben und nach unten schauen"–Spiel

Über das Spiel: Dies ist eine fantastische Methode, um deine Kinder dazu zu bringen, sich besser zu konzentrieren und Ablenkungen zu vermeiden. Das Spiel lehrt sie, dass sie sich manchmal konzentrieren müssen und sich nicht von ihren Freunden oder ihren umherschweifenden Blicken ablenken lassen dürfen.

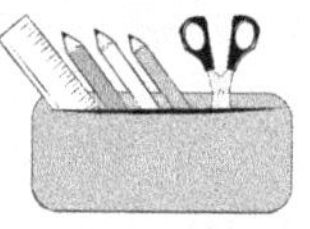 **Spielmaterialien:**

Ein Timer.

Benötigte Zeit:

Etwa fünf Minuten.

 **Wie viele spielen mit:** Ab vier Teilnehmern macht es Spaß.

 **Schwierigkeitsgrad:** 1

 **Hilfreiche Tipps:**

Nutze einen großen Ort, möglichst draußen gelegen, der einige natürliche Ablenkungen bietet, sowie andere Kinder.

Wie man spielt

1. Stelle die Kinder in einem eigenen Bereich auf, in dem sie sich frei bewegen können.

2. Rufe „Schaut dreißig Sekunden lang nach oben", damit sie ihre Augen gen Himmel richten können.

3. Sobald ein Kind woanders hinschaut, scheidet es aus und muss sich hinsetzen.

4. Nach dreißig Sekunden rufst du eine weitere Anweisung.

5. Das Spiel geht so lange weiter, bis nur noch einer steht.

6. Der letzte stehende Teilnehmer ist der Gewinner.

Themen, die du besprechen solltest: Wer hat sich am leichtesten ablenken lassen und ist auch in anderen Situationen so? Wer hat Unfug gemacht und versucht, die anderen Kinder abzulenken? Könnt ihr in Zukunft stattdessen versuchen, „nach links" und „nach rechts" zu schauen?

Soziale Kompetenzen – Grenzen setzen, potenzielle Tyrannen erkennen und soziales Verhalten erlernen

Was sind eigentlich soziale Kompetenzen? Diese sind die Fähigkeiten, welche die Menschen jeden Tag nutzen, um mit Gleichaltrigen, Freunden, Familien und weiteren Mitmenschen zu kommunizieren und zu interagieren. Sie helfen dabei, mit anderen zu interagieren, positive Beziehungen aufzubauen und das eigene Selbstbild zu verbessern. Für Kinder sind die meisten Beziehungen neu, denn sie lernen ständig neue Freunde und Vorbilder kennen und werden zunehmend zu funktionierenden Mitgliedern der Gesellschaft. Spielerische Aktivitäten und Rollenspiele helfen Kindern dabei, sich in neuen Situationen zurechtzufinden.

Die Nutzung dieser Spiele bietet den Kindern einen sicheren Ort, an dem sie ihre sozialen Fähigkeiten üben können, bevor sie sich realen Situationen aussetzen. Sie können so ihre Stärken und Schwächen entdecken und Wege finden, ihre interaktiven Fähigkeiten zu verbessern. All das hilft auch dabei, potenzielle Tyrannen zu erkennen und Grenzen zu setzen. Kinder müssen lernen, dass sie das Recht haben, ihre Grenzen zu bestimmen und sie durchzusetzen. Schon von klein auf haben sie die Kontrolle über ihr eigenes Umfeld, das sonst nur vertrauenswürdige Erwachsene betreten dürfen. So sind sie sicher und wissen instinktiv, dass sie nicht von Fremden bedroht werden, wodurch sie übermäßigem Stress entgehen.

Das Spiel zur Gesprächsinitiierung

Über das Spiel: Hier haben wir Konversationskarten mit einleitenden Sätzen, die dabei helfen, ein Gespräch mit neuen Menschen zu beginnen. Wenn Kinder lernen, sich einander vorzustellen, gewinnen sie schnell Selbstvertrauen und können ihre anfängliche Nervosität somit überwinden. Sie bekommen so das Gefühl, die Kontrolle zu haben und das gibt ihnen mehr Möglichkeiten, neue Freunde kennenzulernen.

 **Spielmaterialien:**

Ein Timer wird auch benötigt.

Benötigte Zeit:

20 Minuten.

 **Wie viele spielen mit:** Ab 2 Teilnehmer.

Schwierigkeitsgrad: 1-2

Hilfreiche Tipps:

Gestalte die Atmosphäre umso geselliger, indem du Musik oder Hintergrundgeräusche abspielst, um soziale Situationen nachzustellen. Lass die Kinder sich natürlich vermischen, bevor du die Gesprächskarten vorstellst, damit sie ihre eigenen Bindungen aufbauen können.

Wie man spielt

1. Versammle die Kinder und mische sie durch.
2. Zeige ihnen, wie sie entspannt stehen und erkläre ihnen, dass die Körpersprache genauso wichtig ist wie die verbale Kommunikation.
3. Sag ihnen, sie sollen ihren „neuen Freund" ansehen, Blickkontakt herstellen und lächeln.
4. Gib einem Kind je Paar eine Karte aus der Auswahl der Gesprächskarten.
5. Bitte jedes Paar, ein Gespräch über das Thema zu führen.
6. Beobachte den Gesprächsverlauf und notiere dabei, wie lange sie miteinander gesprochen haben.
7. Wiederhole diesen Vorgang mit allen anderen Paaren und gib bekannt, welches Paar das längste Gespräch geführt hat.

Themen, die du besprechen solltest: Was haben die Kinder von den Gesprächen gehalten? Hat es ihnen Spaß gemacht, neue Gespräche zu beginnen? Werden sie diese Themen in Zukunft in der Realität verwenden?

Das „Puppenschau"–Spiel

Über das Spiel: Dies ist eine grundlegende Einführung in Rollenspiele und gibt einem Kind die Möglichkeit, aus der eigenen Realität herauszutreten und mit Puppen Dinge darzustellen, mit denen es sich auseinandersetzen möchte. Verwende die Puppen, um verschiedene Szenarien zu kreieren und den Gefühlen der Kinder eine Stimme zu verleihen.

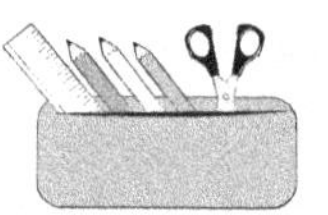 **Spielmaterialien:**

Puppen oder Stofftiere. Kärtchen mit Szenarien und Situationen.

 **Benötigte Zeit:**

Fünf Minuten.

Wie viele spielen mit: Zwei oder mehr Teilnehmer.

 **Hilfreiche Tipps:**

Immer wenn es sich um ein Spiel zur Förderung sozialer Kompetenzen handelt, solltest du mehr Kinder einbeziehen und ein Gespräch untereinander führen. Falls emotionale Probleme im Spiel sind oder spezielle Fragen gestellt werden sollen, ist das Spiel ohne weitere Kinder empfehlenswert.

Wie man spielt

1. Bitte jedes Kind, sich eine Puppe oder ein Spielzeug auszusuchen.
2. Gib jedem Kind eine Karte und bitte es, sie vorzulesen.

3. Lass das (Puppen)gespräch laufen.

4. Wechsle ab, indem du die Kinder aufforderst, erst mit dem Kind zu ihrer Rechten und dann mit dem Kind zu ihrer Linken zu sprechen.

5. Das Spiel ist zu Ende, wenn fünf Minuten vorbei sind.

Themen, die du besprechen solltest: Fiel es allen Kindern leicht, von einem Gespräch zum anderen zu wechseln? Hatten sie Spaß an den Themen? Sollten sie beim nächsten Mal länger spielen?

Das „Abgegrenzter Zirkel"–Spiel

Über das Spiel: Bei diesem Spiel geht es darum, einen persönlichen Rückzugsraum zu schaffen und den Kindern die Macht zu geben, ihre Grenzen durchzusetzen. Sie lernen so, wie sie mit verschiedenen Methoden kommunizieren können und werden für klare Kommunikationsfähigkeiten belohnt.

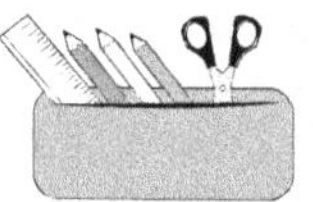 **Spielmaterialien:**

Ein Hula-Hoop-Reifen, Klebeband, etwas Schnur oder weißes Papier, um den Raum abzugrenzen, der einen Radius von etwa 3 Metern haben sollte. Kärtchen mit Botschaften, die sich die Kinder gegenseitig zukommen lassen können.

 **Benötigte Zeit:**

5 Minuten.

Wie viele spielen mit: Vier Kinder.

Schwierigkeitsgrad: 2

 **Hilfreiche Tipps:**

Du kannst noch mehr knifflige Situationen erschaffen, indem du den Abstand zwischen den Personenkreisen vergrößerst, damit die Kinder bei der Wahl ihrer Kommunikation kreativer werden.

Wie man spielt

1. Markiere die persönlichen Zirkel und setze jeweils ein Kind dorthin.
2. Bitte das erste Kind, dem zweiten Kind eine Nachricht zu übermitteln, ohne Worte zu benutzen.
3. Wiederhole diese Übung, bis die fünf Minuten vorbei sind.
4. Erzähle den Kindern, wie die ursprünglichen Botschaften lauteten und vergebe Punkte an die Kinder, welche die originellsten Methoden verwendet und die Botschaft richtig verstanden haben.

Themen, die du besprechen solltest: Welche Methode der Kommunikation fühlte sich am seltsamsten an? Fühlten die Kinder sich in ihren persönlichen Zirkeln sicher? Wer hat die beste Mimik verwendet?

Der Sprechende Stock

Über das Spiel: Bei diesem Spiel geht es vor allem um Geduld, das Abwarten und das Teamplay. Kinder sind oft ungeduldig, wenn sie reden. Hier aber lernen sie, abzuwarten, bis sie an der Reihe sind und die Regeln zu respektieren.

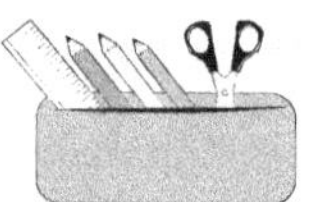 **Spielmaterialien:**

Ein Stock, der als „Sprechender Stock" bezeichnet wird, und ein Timer. Kärtchen mit Gesprächsthemen darauf.

 **Benötigte Zeit:**

5 Minuten.

Wie viele spielen mit: Zwei oder mehr Teilnehmer.

Schwierigkeitsgrad: 1

 **Hilfreiche Tipps:**

Sei der Schiedsrichter des Spiels und sage den Kindern, dass du der Verantwortliche bist und entscheidest, wer den Stock als nächstes bekommt. Immer wenn ein Kind übereifrig wird, kannst du entscheiden, ob du es sprechen lässt oder den Stock an ein ruhigeres Kind weitergibst.

Wie man spielt

1. Wähle ein Thema und kündige es den Kindern an.
2. Frage nach einem Freiwilligen, der das Gespräch beginnen soll.
3. Lass alle dreißig Sekunden lang sprechen und frage dann, wer als nächstes den Stock haben möchte.
4. Du wählst aber aus, wer das Stöckchen bekommt und dann spricht.
5. Das Spiel hört nach fünf Minuten auf.

Themen, die du besprechen solltest: Hat jemand nicht gesprochen, und falls ja, warum? Haben die Kinder sich durch den Stock stärker gefühlt? Warum haben manche mehr geredet als andere?

Das „Finde die Wahrheit" – Spiel

Über das Spiel: Bei diesem Spiel können die Kinder erkennen, wann jemand lügt oder betrügt. Sie lernen, Mimik und Körpersprache zu deuten, um herauszufinden, wer die Wahrheit sagt. Sie lernen hiermit auch, wie trügerisch manches sein kann und wie schwierig es ist, eine gute Lüge zu erzählen.

Spielmaterialien:

Papier und Stift für jedes Kind und ein Timer.

Benötigte Zeit:

10 Minuten

Wie viele spielen mit: Vier Kinder.

Schwierigkeitsgrad: 2

Hilfreiche Tipps:

Lass die Kinder entscheiden, welche Lüge sie erzählen wollen. Gib ihnen die Möglichkeit, eine große Lüge zu erfinden oder einfach die Wahrheit zu verdrehen. Bei dem Spiel geht es darum, sich gegenseitig kennenzulernen und wahrheitsgemäße Aussagen sind dabei genauso aufschlussreich wie unwahre Geschichten.

Wie man spielt

1. Jedes Kind muss drei Dinge über sich aufschreiben, von denen zwei wahr sind und eines eine Lüge ist.
2. Jedes Kind stellt sich in die Mitte der Gruppe und liest seine Aussagen vor.
3. Die anderen Kinder schreiben auf, was ihrer Meinung nach eine Lüge ist.
4. Wenn alle Kinder gesprochen haben, verrät das erste die Lüge.
5. Wiederhole das, bis alle Kinder gesprochen haben.
6. Für die richtigen Vermutungen gibt es Punkte.
7. Du kannst Punkte für die einfallsreichste Lüge oder den geschicktesten Sprecher vergeben.

Themen, die du besprechen solltest: Fiel es den Kindern leicht, etwas über sich selbst zu erfinden? Fanden sie die Wahrheiten interessanter als die Lügen? Finden sie es in Ordnung, Wahrheiten zu übertreiben, damit die Leute sie mögen?

Das „Was wir gemeinsam haben"–Spiel

Über das Spiel: Dieses Spiel hilft den Kindern dabei, sich gegenseitig kennenzulernen und Gemeinsamkeiten zu entdecken. Sie lernen so, wie sie Gemeinsamkeiten finden und obendrein nutzen können, um eine Bindung aufzubauen. Dies zeigt auch neue Freizeitbeschäftigungen und neue Hobbys auf, welche den Kindern gefallen könnten, und zeigt auf, wer dabei helfen kann. Dieses Spiel besitzt das Potenzial, auf Partys und in neuen sozialen Umfeldern das Eis zu brechen!

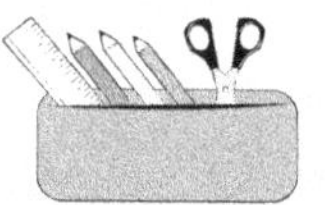 **Spielmaterialien:**

 **Benötigte Zeit:**

Karten mit Hobbys und Freizeitbeschäftigungen und Gegenständen, die dazu gehören.
Beispiele: Kochen und eine Kelle, Sport und ein Ball oder Singen und ein Mikrofon.

10 Minuten

Wie viele spielen mit: Acht Kinder oder mehr.

Schwierigkeitsgrad: 2

 **Hilfreiche Tipps:**

Achte darauf, dass die Gegenstände leicht zu identifizieren sind, sonst kommen die Kinder durcheinander. Du kannst zwei Kartenstapel mit den gleichen Wörtern verwenden, falls du das für einfacher hältst.

Wie man spielt

1. Teile die Kinder in zwei gleich große Gruppen ein.
2. Bitte die erste Gruppe, einen Gegenstand auszuwählen, der mit etwas zu tun hat, das ihnen Spaß macht.
3. Gib der zweiten Gruppe von Kindern die Karten, ohne dass die erste Gruppe sieht, was darauf steht.
4. Die erste Gruppe wählt nun ein Kind aus der zweiten Gruppe aus und stellt ihm Fragen zu dem, was auf seiner Karte steht.
5. Je nach Antwort können sie mit dem Kind zusammengehen oder weitermachen.
6. Das Spiel ist zu Ende, sobald alle Kinder mit den gegnerischen Gruppenmitgliedern übereinstimmen.

Themen, die du besprechen solltest: Haben die Kinder neue Hobbys gefunden, die ihnen gefallen könnten? Werden sie einige davon ausprobieren? Fällt es ihnen leichter, über ihre Hobbys mit Kindern zu sprechen, die das Gleiche mögen?

Die Mobbing–Box

Über das Spiel: Bei diesem Spiel können sich Kinder gegen Mobbing wehren und verhindern, dass sie selbst zum Opfer werden. Die Szenarien, mit denen sie hier konfrontiert werden, werden auch ihnen irgendwann widerfahren. Dieses Spiel gewährt deshalb einen Einblick in Erfahrungen, die sie vielleicht schon gemacht haben, damit sie zukünftig besser damit umgehen können.

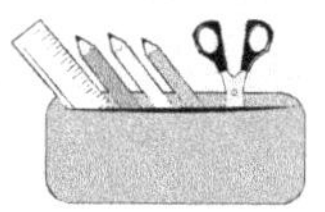 **Spielmaterialien:**

Ein Seil oder eine Absperrung, um ein Quadrat zu markieren und eine Uhr.

 **Benötigte Zeit:**

Eine Minute pro Runde, ergo abhängig von der Anzahl der Kinder.

Wie viele spielen mit: Mindestens zwei Teilnehmer.

Schwierigkeitsgrad: 3

 **Hilfreiche Tipps:**

Du musst das Spiel genau beobachten, denn es ermutigt Kinder dazu, sich nicht sozial korrekt zu verhalten. Du solltest darauf achten, wie sie reagieren, wenn sie an der Reihe sind, den Tyrannen zu spielen. Bei diesem Spiel geht es darum, ihnen beizubringen, wie ein Tyrann erkennbar ist, und nicht, wie man einer wird.

Wie man spielt

1. Das erste Paar von Kindern betritt die mit dem Seil markierte Box.
2. Das erste Kind ist der Tyrann und muss versuchen, das zweite Kind dazu zu bringen, etwas zu tun, was es nicht will.
3. Das zweite Kind muss sich gegen den Tyrannen wehren und darf nicht nachgeben.
4. Wenn die Minute vorbei ist, gibst du dem Kind mit der größten Überzeugungskraft einen Punkt.
5. Das Kind, das am Ende des Spiels die meisten Punkte hat, gewinnt.

Themen, die du besprechen solltest: Fiel es den Kindern leicht, sich gegen die Tyrannen zu wehren, weil ein Erwachsener anwesend war? Wissen sie alle, dass sie sich jemandem mitteilen sollten, wenn sie schikaniert werden? Ist eine der gespielten Situationen jemandem in seinem realen Leben passiert?

▶ Der Starr–Wettbewerb

Über das Spiel: Bei diesem einfachen aber lustigen Spiel lernen die Kinder, sich zu konzentrieren und in sozialen Situationen den Blickkontakt aufrechtzuerhalten. Das kann überall und mit jedem gespielt werden! Die Kinder können einen beliebigen Fixpunkt im Gesicht des anderen anstarren, falls es ihnen unangenehm ist, jemandem in die Augen zu schauen. Der Verlierer ist das Kind, das zuerst blinzelt.

Gefühlsschauspiel

Über das Spiel: Wie bei den traditionellen Schauspielen geht es auch hier darum, Gefühle durch Körpersprache oder Mimik darzustellen. Das verbessert die nonverbale Kommunikation und ermutigt die Kinder, ihre Gefühle anhand von Körper- und Gesichtsausdrücken zu erkennen. Diese Fähigkeit werden sie jeden Tag nutzen, um zu verstehen, was andere Menschen durchmachen und wie sie mit ihnen in Kontakt treten können. Außerdem lernen sie so, alle ihre Fähigkeiten zu nutzen, um mit anderen zu kommunizieren, und fühlen sich für die Botschaften, die sie aussenden, eher verantwortlich.

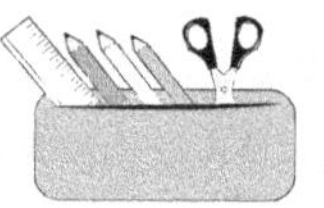 **Spielmaterialien:**

Karten mit darauf notierten Emotionen.

 **Benötigte Zeit:**

20 Minuten.

Wie viele spielen mit: Ab vier Personen.

Schwierigkeitsgrad: 3

 **Hilfreiche Tipps:**

Sei kreativ bei den verwendeten Emotionen und nimm verschiedene Synonyme für Freude, Traurigkeit oder Angst auf. Auf diese Weise kannst du den Wortschatz und die sozialen Fähigkeiten der Kinder verbessern.

Wie man spielt

1. Erstelle zwei Teams und lass die Kinder entscheiden, welcher Spieler zuerst dran ist.

2. Stellt einen Timer auf dreißig Sekunden ein und gebt dem Kind eine Karte, auf der die jeweilige Emotion steht.

3. Die Kinder dürfen keine Worte und Sätze verwenden, sondern müssen ihrem Team durch ihre Handlungen und ihre Mimik helfen, die Emotion zu erkennen.

4. Wenn das Team des handelnden Kindes die Antwort findet, bekommt es einen Punkt und wenn das gegnerische Team die Antwort findet, bekommt es diesen.

5. Ein Kind aus dem zweiten Team wird nun nach vorne gerufen, um die nächste Emotion darzustellen.

6. Das Team mit den meisten Punkten gewinnt.

Themen, die du besprechen solltest: Welches Gefühl hat den Kindern am meisten Spaß gemacht? Was hätten sie tun können, um die Antwort deutlicher zu machen? Haben sich die Kinder dabei wohl gefühlt, während des Spiels Gefühle auszudrücken?

Das „Würdest du lieber ...?"–Spiel

Über das Spiel: Eltern mit Kindern kennen diese beliebte spielerische Aktivität wahrscheinlich schon. Alle Kinder dürfen sich Aussagen ausdenken und andere Kinder fragen, was sie lieber tun würden. Das ist eine lustige, alberne und spannende Form des Spielens und bringt Kinder zusammen und fördert ausgefallene Gedankengänge. Tausende von Aussagen sind online verfügbar, doch auch eigene sind natürlich möglich.

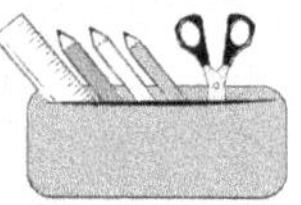 **Spielmaterialien:**

 **Benötigte Zeit:**

20 Minuten.

Karten mit darauf geschriebenen Aussagen. Hier sind einige Beispiele dafür aufgelistet!

1. Würdest du lieber eine Ente in Pferdegröße oder ein Pferd in Entengröße besitzen?
2. Hättest du lieber Spaghetti für deine Finger oder Würstchen für deine Zehen?
3. Würdest du lieber unsichtbar sein oder fliegen?
4. Würdest du lieber in der Steinzeit oder in der Zukunft leben?
5. Würdest du lieber einen Schulbus oder einen Müllwagen fahren?
6. Wärst du lieber eine Ameise oder eine Giraffe?

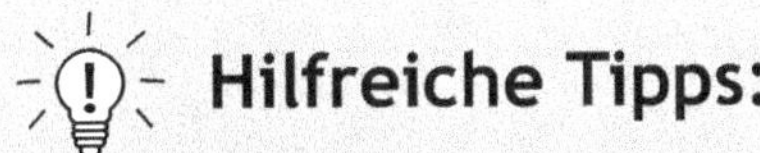 **Wie viele spielen mit:** Ab zwei Teilnehmer.

Schwierigkeitsgrad: 2

Hilfreiche Tipps:

Gib den Kindern eine Vorwarnung, wenn sie ihre eigenen Erklärungen schreiben sollen, denn die Vorbereitung macht so viel Spaß, dass sie sich nicht werden hetzen lassen wollen.

Wie man spielt

1. Wähle ein Paar Kinder aus, die jeweils eine Aussage vorlesen.
2. Sie können drei Fragen stellen, bevor sie ihre Wahl treffen.
3. Bitte die Kinder darum, ihre Wahl zu begründen.
4. Lass die anderen Kinder abstimmen, wer am besten abgeschnitten hat und vergebe einen Punkt.
5. Falls es nur zwei Kinder beim Spiel gibt, bist du der Schiedsrichter.
6. Das Kind mit den meisten Punkten gewinnt.

Themen, die du besprechen solltest: Welches war der beste Grund für eine Wahl? Was war die verrückteste Aussage? Haben die Aussagen die Kinder zum Lachen gebracht?

Wut- und Frustkontrolle

Der Umgang mit Wut bei Kindern ist etwas, mit dem alle Eltern zurechtkommen müssen. An jedem beliebigen Tag werden Kinder mit Dingen konfrontiert, die sie wütend, traurig und vor allem zornig machen. Sie werden mit verwirrenden und negativen Botschaften bombardiert, so dass es nicht verwunderlich ist, dass sie Wut empfinden. Der erste Schritt für Eltern besteht deshalb darin, anzuerkennen, dass Wut eine normale Emotion ist und dass jedes Kind die Fähigkeit hat, Wut zu empfinden, aber es ist auch erforderlich, ihnen beizubringen, wie sie mit dieser Emotion umgehen können.

Jedes der emotionsbasierten Spiele in diesem Buch wird dir dabei helfen, Wut anzusprechen und deinem Kind die Möglichkeit zu geben, über seine Gefühle zu sprechen, aber in diesem Abschnitt geht es vor allem darum, mit Wut im gegenwärtigen Moment umzugehen. Zu wissen, was zu tun ist, wenn du es mit diesen kleinen Menschen mit überwältigend großen Emotionen zu tun hast, ist nicht immer leicht. Du musst im Angesicht ihrer Wut ruhig und gefasst bleiben und ihnen helfen, vom Beifahrersitz auf den Fahrersitz zu wechseln, damit sie lernen, mit ihren Gefühlen umzugehen.

Diese Art von Emotionen sollte nicht Teil der normalen Spielzeit sein. Deshalb konzentriert sich dieser Teil des Buches darauf, wie du mit Wut umgehst, sobald sie aufkommt und welche Strategien du mit deinem Kind entwickeln kannst, um alles wieder in eine ruhigere Gemütslage zu bringen. Später im Buch werden einige erhältliche Spiele vorgestellt, die für die Wutbewältigung entwickelt wurden, aber die folgenden Aktivitäten funktionieren besser, wenn du und dein Kind gemeinsam ein Szenario entwickeln, in dem es mit seiner Wut umgehen kann.

Wo die Wut in dir zuhause ist

Über das Spiel: Bei dieser Übung kannst du sehen, wie sich Wut auf dein Kind auswirkt und wie körperlich sich die Emotion für dein Kind anfühlt. Kinder können sich ihre Wut in körperlicher Form vorstellen und ihre Angstsymptome so hervorheben.

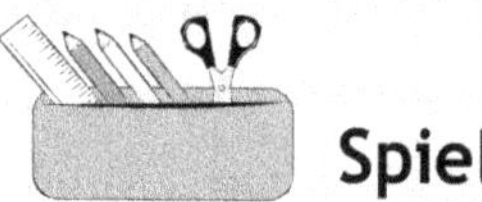

Spielmaterialien:

Papier und farbige Stifte oder Buntstifte.

Benötigte Zeit:

5 Minuten.

Wie viele spielen mit:

Zwei Spieler - ein Elternteil und ein Kind.

Schwierigkeitsgrad: 2

Hilfreiche Tipps:

Dieses Spiel kann für dich genauso befreiend wirken wie für dein Kind. Wenn du ehrlich darüber sprichst, wie sich deine Wut auf dich auswirkt, wird dein Kind auch besser verstehen, was Wut ist und wie normal diese Emotion ist.

Wie man spielt

1. Zeichne den Umriss eines Menschen auf Papier.
2. Markiere mit Stiften oder Buntstiften die Bereiche, die von der Wut betroffen sind.
3. Bitte dein Kind, das Gleiche zu tun und dir mit Farben und Bildern zu zeigen, wie es sich fühlt.

Themen, die du besprechen solltest: Wo sind die auffälligsten Bereiche, die dein Kind markiert hat zu finden und warum? Frag es, wie sich diese Wut konkret äußert. Wenn die gewählten Bereiche die Hände und Füße sind, bedeutet dies etwa, dass dein Kind Dinge wirft oder nach außen tritt? Wenn der Kopf markiert ist, bedeutet das, dass es Kopfschmerzen hat, oder deutet es auf beunruhigende Gedanken hin? Das Gespräch sich sollte frei entfalten und dir einen Einblick geben, wie die Wut dein Kind beeinflusst.

▶ Personalisierte Wut

Diese Übung läuft ähnlich ab, wie das Spiel zuvor. Es geht hierbei darum, die Wut zu identifizieren und sie als Kraft deutlich zu machen, die ein Problem darstellt. Manchmal werden Kinder als „Problemkinder" abgestempelt, wenn sie Probleme mit ihrer Wut haben, aber du musst die Wut externalisieren und sie zu einer eigenständigen Einheit machen. Erkläre deinem Kind, dass nicht es selbst das Problem ist, sondern lediglich die Wut das Problem ist, und dass diese Sichtweise geändert werden muss.

Setz dich mit deinem Kind zusammen und nimm Papier und Stifte hinzu. Bitte es, die Wut zu zeichnen und ihr einen Namen zu geben. Erkläre deinem Kind, dass Stress und Wut, die Probleme bereiten, genau das Gleiche sind, als ob eine andere Person Probleme verursachen würde. Indem Kinder ihre Wut niederzeichnen und ihr einen Namen geben, können sie sich von ihr lösen und sie als eigenständige „Person" betrachten.

▶ Schaffe eine Anlaufstelle für deine Kinder

Manchmal brauchst du einen Rückzugsort für deine Kinder, an den sie sich zurückziehen können, um Aggressionen zu vermeiden und von den Ursachen ihrer Konflikte wegzukommen. Wenn du diesen Raum einrichtest, sollte das in einer emotional guten Verfassung geschehen. Wähle einen Ort, an dem Kinder sich wohl und sicher fühlen und richte ihn mit einigen beruhigenden Gegenständen ein, etwa mit Kissen und Decken, in denen sie sich einkuscheln und sicher fühlen können. Lege ein paar weiche Spielzeuge und Kuscheltiere dazu, die sie drücken und kuscheln können, ohne sie zu beschädigen.

▶ Die Spitze des Eisberges der Wut

Wut kommt nicht von ungefähr, denn sie ist eine Emotion, die aufgrund von Auslösern und Umständen entsteht. Wir alle haben unterschiedliche Auslöser und Gründe, wütend zu werden, und das gilt auch für Kinder. Verwende das gleiche Papier und die gleichen Stifte, um eine Tabelle für die Zimmerwand zu erstellen, damit Kinder ihre Auslöser unter der „Spitze des Eisbergs" auflisten können und eine visuelle Darstellung davon sehen, wie diese Emotionen zu einem Ausbruch von Wut führen.

Wut ist oft eine Maske für andere Emotionen, durch die Kinder sich verletzlicher fühlen. Unser natürlicher Instinkt ist es, Wut zu zeigen, um von Scham, Peinlichkeit und Verletzung abzulenken. Indem du deinem Kind hilfst, sich seiner selbst bewusster zu werden, erhält es einen tieferen Einblick in seine Gefühle und wie diese Wut auslösen können.

Erstelle eine Eisbergform, bei der 90% des Eisbergs unter einer Linie liegen. Die obersten 10% sind mit „Wut" beschriftet und mit einem großen schwarzen Pfeil markiert. Unter die Linie sollen die Kinder alle Emotionen und Umstände schreiben, die sie an diesem Tag beeinflusst haben. Ermutige sie dazu, die Felder auszufüllen, bevor sie ins Bett gehen. Das hilft ihnen, sich Dinge von der Seele zu schreiben und mit einem lockeren und emotional ausgeglicheneren Gefühl ins Bett zu gehen.

Einige der Wutuslöser könnten sein:

- Müdigkeit
- Enttäuschung über die Schule
- Probleme mit Freunden
- Scham vor Handlungen
- Verletzende Kommentare
- Schultests

▶ Erstelle einen Wutauslöser

Kennst du deine Wutauslöser? Im Erwachsenenalter wissen wir in der Regel, was uns in Wallung bringt und wütend macht, aber wie können Kinder das erkennen? Diese Übung hilft dir, mit deinem Kind gemeinsam daran zu arbeiten und ein besseres Verständnis dafür zu entwickeln, was es wütend werden lässt. Auch hier brauchst du nur Papier und Stifte (und Zeit), um loszulegen!

Erstelle eine Liste mit möglichen Ursachen für Frustration, Ärger und Stress und kreuze jede einzelne an. Gib deinem Kind einen roten, gelben und grünen Stift und bitte es, das Kästchen je nach dem, wie es sich bei dem Thema fühlt, auszumalen. Rot steht für Wut, gelb für Frustration oder Ärger, während grün bedeutet, dass das Thema keine negativen Auswirkungen hat.

Mögliche Auslöser für Wut sind:

- Verbote
- Aus Teams ausgeschlossen zu werden
- Hänseleien
- Schmatzen
- Unhöfliche Leute
- Laute Kinder in der Klasse
- Hausaufgaben
- Aufgefordert zu werden, nicht mehr Videospiele zu spielen
- Verlust von Dingen
- Schikanen
- Schlechtes Zuhören
- Nicht an die Reihe zu kommen

▶ Atemübungen

Wenn ein Kind so von seiner Wut zerfressen ist, kannst du es mit physischen Spielen ablenken, aber manchmal ist es nicht bereit zu spielen. Kinder müssen aber sofort etwas tun, um ihr emotionales Gleichgewicht wiederherzustellen und ihre Wut zu beruhigen. Eine wissenschaftliche Tatsache besteht darin, dass die Atmung unglaublich wichtig dabei ist, wenn es um die Regulierung von Wutgefühlen geht, vergleichbar einer Fernbedienung für den Verstand und das Gehirn. Eine effektive Atmung ist eine der besten Methoden, um sich zu beruhigen.

Diese Übung gibt deinen Kindern ein Arsenal an Atemtechniken an die Hand, aus dem sie wählen können, wann immer sie das Gefühl haben, dass der Frust sie überwältigt. Schon die Wahl der Technik allein bringt Kinder an einen mental ruhigeren Ort und gibt ihnen einen Anschein von Kontrolle zurück.

Kreative und nützliche Wutbewältigungstechniken

- The birthday candle method: Hold all ten fingers in the air and blow them out individually as slowly as they can, just like birthday candles.
- Outline your hand method. Hold your hand in the air and use your breath to trace around the edges of your fingers and hand. Breathe in as you travel up the finger and exhale on the way down.
- Elsa's breathing method. Take a deep breath and exhale creatively to make a giant ice sculpture, frozen style.
- Rainbow breathing method. Use a breath to create a red arch for the base of the rainbow, and add colored levels to create a joyful and bright rainbow of breath.
- Spell your name method. Use your breath to sign your name in the air. Add flourishes and swirls to make the creation more elaborate.

- Figure of eight method. Create a virtual figure eight with your breath and breathe in one side and out on the other.

▶ Im Handel erhältliche Spiele zur Wut– und Frustbewältigung

DER WÜTENDE DRACHE

Dieses Spiel richtet sich an Kinder zwischen 6 und 12 Jahren und basiert auf dem beliebten Kartenspiel Uno. Es ist therapeutisch wirksam und ermöglicht den Kindern:

- Ihre Wut gegenwärtig zu kontrollieren.
- 12 verschiedene Strategien zur Wutbewältigung zu entwickeln.
- Bilder und visuelle Auslöser nutzen, um ihre Wut zu erkennen.
- zu erlernen, wie sie wutauslösende Situationen vermeiden können
- ihre Wutauslöser selbst zu erkennen.
- zu entdecken, welche Handlungsmöglichkeiten sie haben, um ihre Gefühle sicher loszulassen.
- ihre Gefühle auszudrücken.

Hilfreiche Tipps: Einige der Karten müssen möglicherweise umformuliert werden, um den Bedürfnissen deines Kindes und seinem Lernniveau gerecht zu werden. Manche der Sätze müssen eventuell ebenfalls geändert werden, damit sie leichter zu verstehen sind.

....

TEMPERAMENTSBÄNDIGER IM GLAS - TEMPER TAMERS IN A JAR

Dies ist ein weiteres beliebtes Spiel, das von Therapeuten entwickelt wurde, um Kinder dazu zu bringen, sich zu öffnen, wenn es um ihre Gefühle geht. Vier verschiedene Arten von Karten beziehen sich auf:

1. Erzähl-Karten: Diese helfen Kindern dabei, reale Erfahrungen zu teilen und ihre Erlebnisse zu äußern.
2. Handeln: Diese Karten helfen dem Kind dabei, sich in einer stressigen Situation, in der es vielleicht wütend wird, positiver zu verhalten.
3. Tipps: Hinweise und Tipps zum Umgang mit Wut.
4. Tun: Diese Karten fragen das Kind direkt, was es in einer bestimmten Situation tun würde.

Diese Mittel sind sind effektiv, weil sie reale Szenarien und Rollenspiele verbinden, um Kinder dazu zu bringen, ihre Erfahrungen zu teilen und sie auf das vorzubereiten, was auf sie zukommen könnte. Das Spiel ist für verschiedene Altersstufen erhältlich, du kannst die Version frei auswählen, die am besten zu deinem Kind und seiner emotionalen Entwicklung passt.

Der einzige Nachteil der Karten ist die Qualität des Drucks, aber das spiegelt sich auch im Preis wider. Es ist eben unrealistisch, hochwertige Materialien zu erwarten, wenn du weniger als 10 Dollar ausgeben musst, aber die Karten erfüllen ihren Zweck trotzdem.

....

STOP, RELAX AND THINK - ENTSCHLEUNIGEN, ENTSPANNEN UND NACHDENKEN

Dieses Brettspiel soll impulsiven Kindern im Alter von 6 bis 12 Jahren dazu verhelfen, ihre Gedanken zu kontrollieren, bevor sie handeln. Das bietet den Kindern die Möglichkeit, motorische Kontrolle zu erlernen und sich zu entspannen. Sie erhalten Problemlösungsszenarien, um ihre Gefühle auf natürliche Weise auszudrücken und mit anderen zu spielen.

Das Spiel wurde von Therapeuten entwickelt und wird von ihnen häufig zur Behandlung von Kindern mit Wutproblemen eingesetzt.

....

ANGER MANAGEMENT PARTY GAME - DAS WUTMANAGEMENT-PARTYSPIEL

Eine weitere Art, mit Wut umzugehen, ist dieses literarische Spiel, das speziell für Teenager entwickelt wurde, um Dampf abzulassen. Ziel des Spiels ist es, bei „Ansatzweise irritiert" zu beginnen und so lange zu spielen, bis du der erste Mitspieler bist, der „Absolut sauer" wird. Ein lustiges Spiel, das älteren Kindern eine sichere Umgebung ermöglicht, um über ihre Probleme und Ängste zu sprechen. Hiermit haben Kinder ein großartiges Hilfsmittel, um mit Menschen, denen sie vertrauen, in einer entspannten Partyatmosphäre zu diskutieren.

....

CBT 123

Dieses beliebte Spiel wird schon seit Jahren von Therapeuten und Eltern genutzt und hat jetzt ein Update bekommen. Es nutzt die kognitive Verhaltenstherapie, um Kindern beizubringen, wie ihre Gefühle und ihr Verhalten sich selbst und ihr Umfeld beeinflussen und ist für Kinder von 7 bis 16 Jahren geeignet - ein spaßiges Spiel, das allen Spaß macht!
Das Spiel dauert etwa 15 bis 20 Minuten und ist sehr leicht zu erlernen. Es ist für etwas mehr als 10 Dollar erhältlich und gibt dir ein effektives Mittel an die Hand, um deinem Kind auf spielerische Weise emotionale Intelligenz beizubringen.

ANGER MANAGEMENT THUMB BALL - WUTBEWÄLTIGUNGS-DAUMENBALL

Dieser Daumenball ist eine großartige Möglichkeit, eine Gruppe von Kindern dazu zu bringen, über ihre Gefühle zu sprechen. Es handelt sich dabei um einen weichen, gefüllten Ball mit Aussagen in jedem Bereich, die zur Diskussion anregen. Die Kinder sitzen im Kreis und werfen sich den Ball gegenseitig zu. Das Thema, über das sie sprechen, hängt davon ab, was sich unter ihrem Daumen befindet, wenn der Ball gefangen wird. Die Mitspieler lesen und beantworten die Aussagen und Szenarien und erhalten so einen Einblick in verschiedene Wutarten und wie man damit umgehen kann.

Der einzige Nachteil des Daumenballs ist seine Größe, denn er ist klein und enthält etwa zwanzig Aussagen. Du könntest dir also auch einen größeren und spezifischeren Ball basteln, indem du einen leeren Ball nimmst und deine eigenen Sätze und Aussagen erfindest. So stellst du sicher, dass der Ball und damit auch das Spiel alle Themen behandeln, die für dein Kind oder sein soziales Umfeld spezifisch sind.

....

THE TALKING FEELING AND DOING CARD GAME - DAS KARTENSPIEL FÜR REDEN, FÜHLEN & HANDELN

Diese sehr detaillierten Spielkarten wurden für Kinder zwischen 6 und 12 Jahren entwickelt und ermutigen sie, ihre Gefühle zu erforschen und neue Wege zu finden, mit ihren Emotionen umzugehen. Die Karten sind in die drei Kategorien Reden, Fühlen und Handeln unterteilt. Die Kinder spielen auf einem Brett, das einem normalen Brettspiel ähnelt. Sie bewegen ihren Spielstein entsprechend den Würfeln weiter und beantworten Fragen auf den Karten ihrer Kategorie. Die Karten sind detaillierter als andere und geben einen tieferen Einblick in die Auswirkungen von Wutgefühlen.

Es gibt so viele Spiele zur Wutbewältigung auf dem Markt, dass es ganz schön schwer sein kann, das Richtige für dich und dein Kind auszuwählen. Wenn du aber vor dem Kauf recherchierst und die Bewertungen durchliest, wirst du von der zusätzlichen Mühe profitieren. Das Wichtigste aber ist, daran zu denken, dass alle Kinder wütend werden und ihre Wut dann an ihrer Umwelt auslassen. Sobald sie in die Pubertät kommen, ist es eines der effektivsten Werkzeuge, die du ihnen mitgeben kannst, ihnen beizubringen, wie sie mit ihrer Wut umgehen können.

Stressbewältigung – Verbessere die Konzentration und vertreibe aufdringliche Gedanken

Selbstregulation ist eine wichtige Fähigkeit, für manche Kinder jedoch ein schwer zu verinnerlichendes Konzept. Dies geht eine Stufe weiter als die Selbstkontrolle und beinhaltet, die Fassung zu bewahren, Erfahrungen zu teilen und mit alltäglichen Reizen fertig zu werden. Emotionen sind ein so abstraktes Thema, das man Kindern dennoch beibringen muss. Deshalb musst du damit rechnen, dass Kinder ihre Emotionen manchmal nicht kontrollieren oder steuern können und sich unangemessen verhalten. Sobald Kinder unter Druck stehen, helfen ihnen diese Aktivitäten, sich neu zu sammeln und ihre Optionen zu überdenken. Die Spiele in diesem Abschnitt sollen sie von ihren Stressoren ablenken und dabei helfen, einen Weg zur Selbstregulation zu finden.

SPIELE ZUR STRESSBEWÄLTIGUNG

Selbstkontroll–Seifenblasen

Über das Spiel: Bei diesem Gruppenspiel geht es darum, ein tieferes Verständnis dafür zu entwickeln, wie es sich anfühlt, die Kontrolle über die eigenen Wünsche zu haben und zu erkennen, wann man sie regulieren muss. Wenn du eine Gruppe von Kindern damit beschäftigst, bekommst du einen besseren Einblick, wie Menschen in einer sozialen Situation funktionieren und wie Gruppenzwang sie beeinflussen kann.

 **Spielmaterialien:**

Seifenblasen.

 **Benötigte Zeit:**

Fünf Minuten.

Wie viele spielen mit: Vier oder mehr Teilnehmer.

Schwierigkeitsgrad: 1

 **Hilfreiche Tipps:**

Verwende unterschiedlich große Blasreifen, um die Seifenblasen auszupusten und den Kindern dafür die Wahl zu überlassen.

Wie man spielt

1. Setze alle Kinder in einen Kreis.
2. Puste unzählige Seifenblasen und sag den Kindern, sie sollen sie so schnell wie möglich zerplatzen lassen.
3. Sprich darüber, wie befriedigend sich das angefühlt hat.
4. Puste weitere Hunderte von Seifenblasen, aber sag den Kindern, dass sie sie nicht zerplatzen lassen dürfen.
5. Lasst nun alle Seifenblasen auf natürliche Weise zerplatzen.

Themen, die du besprechen solltest: Wollte jemand die Seifenblasen so dringend zerplatzen lassen, dass Frust aufkam? Hätten die anderen das Gleiche getan, wenn ein Kind damit vorgeprescht wäre? Sind sie stolz auf sich, weil sie die Kontrolle behalten haben?

Das Einfrierspiel

Über das Spiel: Dies ist eine Übungsspiel zur Selbstbeherrschung und zum konzentrierten Zuhören. Es hilft den Kindern dabei, geduldig zu sein und die Kontrolle über ihren Körper für eine gewisse Zeit zu behalten. Kinder, denen es schwerfällt, still zu halten, profitieren besonders davon, da sie ihren natürlichen Bewegungsdrang kontrollieren müssen.

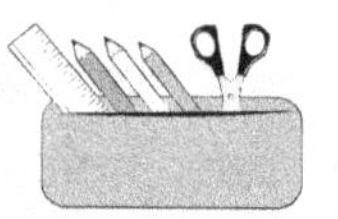 **Spielmaterialien:**

Musik, der die Kinder zuhören können.

Benötigte Zeit:

Zehn Minuten.

 **Wie viele spielen mit:** Vier oder mehr Teilnehmer.

Hilfreiche Tipps:

Ändere die Bewegungen mit jeder Runde, damit sich die Kinder daran gewöhnen, genauere Anweisungen zu befolgen. Du kannst sie bitten, langsam zu tanzen oder auf einem Bein zu hüpfen, um das Tempo zu ändern.

Wie man spielt

1. Ordne die Kinder so an, dass sie genug Platz haben, um sich zu bewegen.
2. Spiel die Musik so, dass sie alle gut hören können.
3. Halte die Musik an, damit die Kinder stehenbleiben können.

4. Gehe zwischen den Kindern umher und achte auf jede Bewegung.

5. Alle Kinder, die sich bewegen, müssen für den Rest des Spiels aussetzen.

6. Das Spiel geht weiter, bis nur noch ein Kind übrig ist.

Themen, die du besprechen solltest: Wie schwierig war es, so lange still zu halten? Fiel es den Kindern leicht, sofort wieder aufzuhören? Wer war am hibbeligsten?

Reise nach Jerusalem (Stuhltanz)

Über das Spiel: Dieses Spiel ist eine beliebte spielerische Aktivität, um Kindern dazu zu verhelfen, wettbewerbsfähig zu werden, aber auch Niederlagen würdevoll zu akzeptieren. Sie müssen in Sekundenschnelle entscheiden, auf welchen Stuhl sie wollen und wie schnell sie rennen müssen, um dorthin zu gelangen. Das kann chaotisch werden und so musst du deine Entscheidungen hartnäckig durchsetzen.

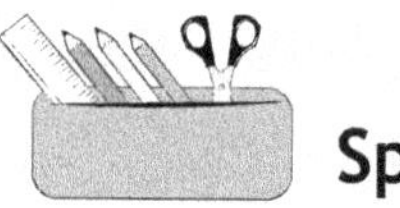 **Spielmaterialien:**

Stühle für jedes Kind und Musik zum Abspielen.

 **Benötigte Zeit:**

Zehn Minuten.

Wie viele spielen mit: Vier oder mehr Teilnehmer.

Schwierigkeitsgrad: 2

 **Hilfreiche Tipps:**

Wähle einen Ort zum Spielen aus, an dem es viel Platz zum Herumlaufen gibt, denn die Kinder werden sich gegenseitig anrempeln, also achte darauf, dass du sie im Auge behältst und die Sicherheit gewahrt bleibt.

Wie man spielt

1. Stellt die Stühle in einem Kreis auf und teilt jedem Spieler einen Stuhl zu.
2. Spiel die Musik und nimm einen der Stühle weg.
3. Wenn du die Musik stoppst, müssen sich die Kinder auf einen Stuhl setzen.
4. Das Kind, das keinen Stuhl hat, ist raus.
5. Starte die Musik erneut und entferne einen weiteren Stuhl.
6. Das Spiel geht weiter, bis es nur noch zwei Kinder und einen Stuhl gibt.
7. Wer sich auf den letzten Stuhl setzt, ist der Gewinner.

Themen, die du besprechen solltest: Wer war das körperlich stärkste Kind? Wie haben sich die Kinder gefühlt, die aussetzen mussten? Waren sie frustriert von diesem Spiel?

Das dreibeinige Rennen

Über das Spiel: Dies ist ein klassisches Wettrennen, bei dem die Kinder lernen müssen, zusammenzuarbeiten und auf die Bedürfnisse ihrer Partner zu achten. Sie lernen so, Teil eines Teams zu sein und ihre Bewegungen zu koordinieren, was ihnen hilft, sich von eigenen Wünschen abzulenken.

 **Spielmaterialien:**

Eine Schnur, um die Knöchel der Mitspieler zu verbinden. Ein Parcours zum Rennen.

 **Benötigte Zeit:**

Fünf Minuten.

Wie viele spielen mit: Eine gerade Anzahl von Kindern, mindestens jedoch sechs.

 Schwierigkeitsgrad: 2

 **Hilfreiche Tipps:**

Versuche, die Kinder nach ihrer Größe zu ordnen, damit sie besser zusammenarbeiten können.

Wie man spielt

1. Stelle alle Kinder paarweise zusammen und binde sie am Fußgelenk zusammen.

2.   Versammle sie am Start.

3.   Gib ihnen das Signal, mit dem Rennen zu beginnen.

4.   Das Paar, das am schnellsten ins Ziel kommt, hat gewonnen.

Themen, die du besprechen solltest: Wie haben sich die Kinder dabei gefühlt, als sie mit ihrem Teamkollegen gelaufen sind? Würden sie lieber alleine laufen? Hat das Teamwork das Rennen vereinfacht?

Das Lichtspiel

Über das Spiel: Hier haben wir ein Spiel, das auf dem Ampelsystem basiert, aber als erweiterte Version. Kinder lieben diese blinkenden Lichter und versuchen, sich zu merken, welche Anweisung zu jeder Ampel gehört.

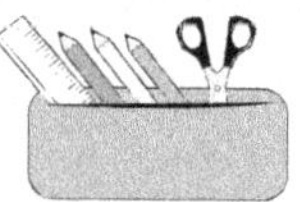 **Spielmaterialien:**

Eine Reihe von Lichtern in verschiedenen Farben und eine Liste von Bewegungen, die zu den jeweiligen Lichtern gehören.

 **Benötigte Zeit:**

Zehn Minuten.

 **Wie viele spielen mit:** 4 oder mehr Teilnehmer.

Hilfreiche Tipps:

Verwende viele Lichter und sorge dafür, dass das Spielerlebnis so noch mehr Spaß macht! Die Kinder werden Spaß daran haben, alles durcheinander zu bringen, sobald sie müde werden.

Wie man spielt

1. Stell dich mit den Lichtern und der Liste der Aktivitäten vor die Kinder.
2. Lass das Licht aufleuchten und überprüfe, ob sie die richtige Aktivität ausführen.

3.   Jedes Kind, das etwas Falsches macht, muss sich hinsetzen.

4.   Das letzte Kind, das noch steht, hat gewonnen.

Themen, die du besprechen solltest: Fiel es den Kindern schwer oder leicht, die Anweisungen zu befolgen? Haben die Lichter den Spaß am Spiel erhöht? Wer war der albernste Tänzer?

Vorschläge für Lichtaktivitäten:
Gelbes Licht - Krabbele über den Boden.
Blaues Licht - Springe dreimal in die Luft.
Rotes Licht - Führe einen albernen Tanz auf.
Lila Licht - Drehe dich.
Weißes Licht - Sing ein Lied.

Das Fallschirmspringerspiel

Über das Spiel: Dieses Spiel ist nur zum Spaß und soll den Kindern helfen, sich vom Stress abzulenken. Es ist aber auch ein Spiel für die ganze Familie und Freunde. Hier darf es auch mal etwas lauter zugehen.

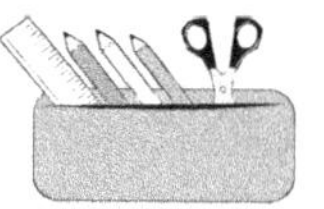 **Spielmaterialien:**

Ein Bettlaken und kleine Bälle, Luftballons und Stofftiere.

 **Benötigte Zeit:**

Fünf Minuten.

Wie viele spielen mit: So viele wie möglich.

Schwierigkeitsgrad: 1

 **Hilfreiche Tipps:**

Staple so viele Gegenstände wie möglich auf das Laken, damit das Spiel mehr Spaß macht. Luftballons sind toll, denn es besteht die Möglichkeit, dass sie zurückrollen und die Kinder auf Trab bringen.

Wie man spielt

1. Nimm das Bettlaken und lege alle Gegenstände darauf.
2. Sag jedem Mitspieler, dass er sich eine Ecke des Lakens schnappen soll.
3. Alle sollten zusammenarbeiten, um die Gegenstände vom Laken auf den Boden zu bekommen.
4. Stoppt eure Versuche und versucht, es jedes Mal schneller zu schaffen.

Themen, die du besprechen solltest: Wer ist der beste Lakenschleuderer? Welche Gegenstände sind am schwierigsten zu beseitigen? Was kannst du tun, um die Zeit zu verkürzen?

Das Bärenjagd–Spiel

Über das Spiel: Dies ist ein tolles Spiel für Kinder, die die Buchreihe von Michael Rosen und Helen Oxenbury lieben. Sie erzählen eine Geschichte über eine Familie, die sich auf Abenteuer in verschiedene Umgebungen begibt, um herauszufinden, was sich am Ende der Reise in der Höhle befindet.

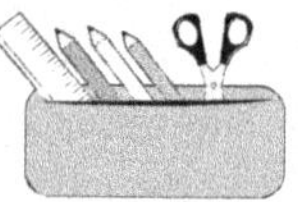 **Spielmaterialien:**

Kuscheltiere und andere Gegenstände, die sich auf das Buch beziehen, um alles im Haus zu verstecken.

 **Benötigte Zeit:**

Fünfzehn Minuten.

Wie viele spielen mit: Vier oder mehr Teilnehmer.

Schwierigkeitsgrad: 2

 **Hilfreiche Tipps:**

Verstecke die Gegenstände überall im Haus und im Garten, damit die Kinder wirklich suchen und ihre überschüssige Energie einsetzen müssen.

Wie man spielt

1. Verbringe Zeit damit, die versteckten Gegenstände überall zu verstecken.
2. Teile die Kinder in zwei Teams ein.
3. Gib ihnen fünfzehn Minuten Zeit, um so viele Gegenstände wie möglich zu finden.
4. Das Team mit den meisten Gegenständen gewinnt das Spiel.

Themen, die du besprechen solltest: Was hat den Kindern an den Büchern am besten gefallen? Wer hat das beste Objekt gefunden? Haben sie als Team oder als Einzelkämpfer gearbeitet?

▶ Im Handel erhältliche Stressabbau–Spiele

Manchmal kommen die besten Spiele aus traditionellen Spielwarenläden! Spiele, die zu den Lieblingen deiner Kinder werden, wurden in der Regel von Menschen entwickelt, die etwas von Kinderpsychologie verstehen. Wenn du einige dieser Spiele in deinem Spielzeugschrank hast, bekommen deine Kinder gleichzeitig eine praktische Möglichkeit, sich zu entspannen und dennoch etwas zu tun, was sie wirklich mögen. Ihr könnt diese Spiele als Ablenkung vom wirklichen Leben und als Zufluchtsort für eine vertraute Umgebung benutzen.
Im Allgemeinen haben derartige Spiele zum Stressabbau leicht zu erlernende, einfache Regeln und dauern etwa fünfzehn Minuten bis eine Stunde an.

....

CATAN

Dieses Spiel, das früher unter dem Namen „Die Siedler von Catan" bekannt war, ist ein moderner Klassiker, bei dem die Mitspieler die Ressourcen haben, um eine Gesellschaft in der Wüste aufzubauen. Die Spieler würfeln und erwerben Rohstoffe, die sie auf der Wüstenlandschaft platzieren, um Siedlungen und Städte zu errichten und so Punkte im Spiel zu sammeln. Der Sieg wird errungen, indem der Spieler drei verschiedene Gebäude an jedem der sechs Orte errichtet.

....

FARM TO TABLE - VOM BAUERNHOF AUF DEN TISCH

Dieses Spiel ist für 2 - 5 Mitpieler geeignet und für Kinder und Erwachsene konzipiert. Es bietet eine ganz neue Perspektive auf die Lebensmittelproduktion und lehrt die Kinder, wie Bauern ihre Tiere füttern und ihre Felder bewirtschaften müssen. Das geht über die einfacheren Bauernhofspiele hinaus und lehrt die Kinder, ihre Ressourcen zu verwalten und Haushaltsführung zu verinnerlichen. Kinder entwickeln so Lebenskompetenzen und haben Spaß daran, was dieses Spiel zunehmend beliebter macht.

....

DIE INVASION DER KUHFRESSER

Dieses Spiel wurde entwickelt, um essenzielle Fähigkeiten wie Logik und Problemlösung zu entwickeln. Der Spielspaß besteht aus einem Raster, Herausforderungskarten, magnetischen Spielsteinen, fliegenden Kühen und Kornkreisen. Das Spiel ist leicht zu erlernen und ein unglaublicher Spaß für alle Altersgruppen!

....

SCHIFFE VERSENKEN

Das traditionelle Koordinations- und Planungs-Grafikspiel Battleships ist in vielen verschiedenen Formen erhältlich. Du kannst zwischen dem traditionellen Brettspiel und einer komplexeren Form mit Licht- und Soundeffekten wählen. Battleships schult das räumliche Vorstellungsvermögen der Kinder und hilft ihnen, vorausschauend zu planen.

....

GUESS WHO - RATE, WER!

Dies ist ein weiteres traditionelles und recht einfaches Spiel für zwei. Es gibt 48 verschiedene Bildkarten und die Spieler müssen erraten, wer auf der Karte des anderen Spielers steht, indem sie dessen Merkmale erraten. Das Spiel bietet eine lustige Art, die Kommunikation und die visuellen Fähigkeiten zu verbessern.

....

CAT CRIMES - KATZENVERBRECHEN

Dies ist ein perfektes Spiel zum Stressabbau, das einzeln gespielt wird. Es besteht aus einer Reihe von Rätseln, heimlichen Lernerfahrungen und Herausforderungen, die kritisches Denken und Problemlösungsfähigkeiten erfordern. Die Grafik und die anderen Komponenten sind von unglaublich guter Qualität, und das Spiel macht einfach Spaß. Hoher Spielspaß mit witzigen Illustrationen für Kinder ab 8 Jahren.

....

CODENAMEN

Dies ist ein tolles Spiel für einige wenige Mitspieler, kann aber auch von mindestens vier Spielern gespielt werden. Die Teams müssen logischen Hinweisen und Beweisen folgen, die sie zu freundlichen Spionen statt zu Feinden führen sollen. Die Spielaufgaben sollen das logische Denken und das Lösen von Problemen verbessern und sind unglaublich einfach zu erlernen.

....

RUSH HOUR

Ein weiteres klassisches Einzelspieler-Spiel, bei dem es darum geht, einer Geschichte zu folgen und Hinweise zu entschlüsseln, um das Geheimnis auf dem Weg dorthin zu lüften. Das Ziel des Spiels ist es, deinen Eiswagen durch den Berufsverkehr an sein Ziel zu bringen und dabei die Hindernisse zu überwinden, die sich ihm in den Weg stellen.

▶ Online-Spiele zum Stressabbau

CANDY CRUSH SAGA

Wenn die Welt stressig wird und du mal ausbrechen musst, wechselst du oft die Umgebung. Die Welt von Candy Crush ist perfekt für Kinder und Erwachsene zugleich, um dorthin zu flüchten und ein „Drei Gewinnt"-Puzzle zu spielen. Die Level werden sukzessive schwieriger und die Anzahl der Leben ist begrenzt. Kinder lernen, bewusster zu spielen, denn sie laufen Gefahr, dass ihnen die Leben ausgehen. Candy Crush ist ein interaktives Spiel, das mit Freunden gespielt werden kann, auch wenn sie sich an verschiedenen Orten befinden.

SUPER MARIO

Der freundliche Klempner Mario ist seit über dreißig Jahren eine beliebte Figur in Videospielen, Kinder lieben die Farben und Bewegungen im Spiel! Die Spielerinnen und Spieler sammeln Sterne und Münzen, während sie sich Gegnern wie Schildkröten und Goombahs stellen und Piranhas ausweichen. Die Level werden immer schwieriger, und da es kein festes Ziel gibt, kannst du immer wieder zurück und die Level erneut durchspielen. Super Mario Land könnte das perfekte Spiel für dein Kind sein, um Stress abzubauen und sich zu entspannen.

FARMVILLE

Ein weiteres Spiel, das auf einem Bauernhof basiert: Farmville ist ein farbenfrohes Spiel, das Kinder dazu ermutigt, Pflanzen anzubauen und ihre Erzeugnisse zu ernten. Das bringt den Kindern bei, wie Pflanzen und Feld-

früchte angebaut werden und wie viel Aufwand nötig ist, um das Essen auf ihrem Tisch zu produzieren.

· ·

DER CLUE

Das klassische Rätselspiel ist die perfekte Möglichkeit für Kinder, der realen Welt zu entfliehen und sich in einen Mordfall zu vertiefen, bei dem sie den Mörder, die Mordwaffe und den Tatort enträtseln müssen. Das Spiel erfordert sechs Mitspieler und dauert etwa eine Stunde. Es gibt zwar die traditionelle Version, aber du kannst auch die Versionen „Raub im Museum", „Verrat im Herrenhaus der Tudors" und „Der Geist von Mrs. White" kaufen.

· ·

DAS SPIEL DES LEBENS

Ein weiteres klassisches Brettspiel, bei dem die Kinder etwas über das Leben und die Hürden lernen, die ihnen in der Zukunft begegnen können. Es ist leicht aufzubauen und einfach zu befolgen und führt die Mitspieler auf den verschlungenen Pfad des Lebens. Alle Mitspieler müssen Karrieren und Urlaubsziele wählen und ein Rad drehen, um ihren Wohlstand zu bestimmen. Während des Spiels wird Geld verdient, gewonnen oder verloren und der Spieler, der am Ende des Spiels das meiste Geld hat, gewinnt. Neben dem Originalklassiker gibt es verschiedene Versionen des Spiels im Handel.

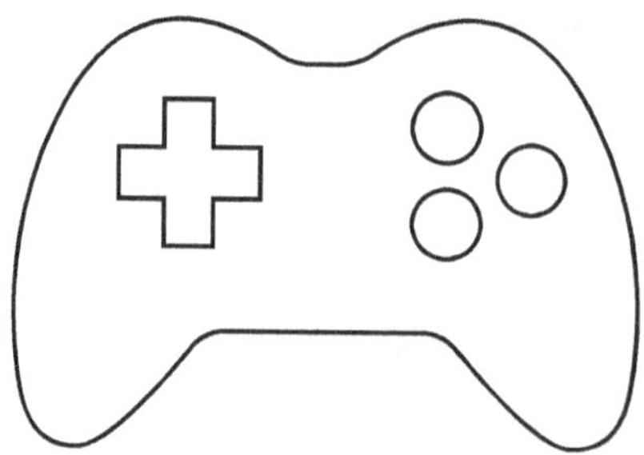

Der Umgang mit Verlust oder Trauergefühlen

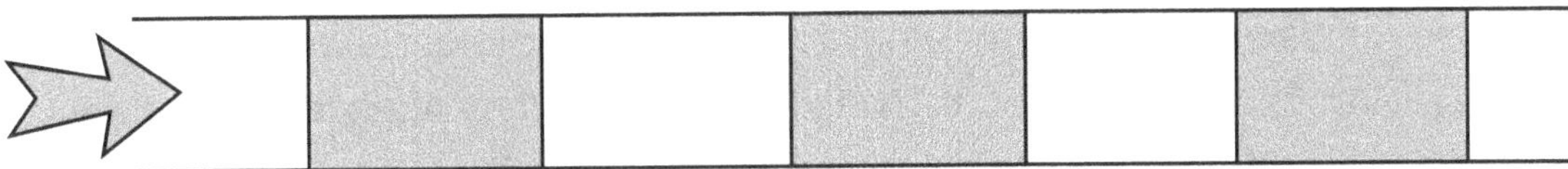

Die Bewältigung von Trauer und Verlust ist auch für Erwachsene schwierig. Wenn aber Kinder mit diesen intensiven Situationen konfrontiert werden, kann es besonders herausfordernd werden, ihnen dabei zu helfen, das zu überwinden und mit ihren Gefühlen umzugehen. Kinder haben nicht die Erfahrung, die Erwachsene haben, und egal, wie sehr Eltern ihre Kinder vor einem Verlust schützen möchten, es ist unvermeidlich, dass sie irgendwann damit konfrontiert werden. Es ist eine Tatsache, dass Verlust, Tod und Trauer einen jeden Menschen begleiten. Kinder müssen deshalb einen gesunden Umgang mit ihrer Trauer entwickeln.

Für Kinder kann so ein Verlust äußerst verwirrend sein. In einem Moment ist jemand da, im nächsten nicht mehr. Kleine Kinder sind unterschiedlich alt, wenn es darum geht, den Tod und das Konzept des Sterbens zu verarbeiten, das hängt oft von den Umständen ab. Manche Kinder werden schon früh mit dem Verlust eines geliebten Menschen konfrontiert, während andere schon älter sind und dann eher verstehen, was der Tod bedeutet. Der Verlust kann bei Kindern auch auf andere Weise eintreten. Sie müssen mit Situationen umgehen, in denen ein Freund oder eine Freundin wegzieht oder der Lieblingslehrer die Schule wechselt und sie das Gefühl haben, verlassen worden zu sein. Diese Gefühle können genauso intensiv sein wie Trauer. Kinder müssen dann verstehen lernen, dass sich das Leben stetig verändert und jeder irgendwann mit einem Verlust konfrontiert wird.

In diesem Kapitel findest du Bewältigungsstrategien, die funktionieren, und eine große Auswahl an Therapiespielen, die für Erwachsene entwickelt wurden, um ihnen den Schmerz und den Herzschmerz zu erklären, der mit Trauer und jeder Form von Verlust einhergeht. Da es in diesem Kapitel um Trauer geht, wird alles in einem etwas anderen Format abgehandelt. Die Strategien können immer noch verwendet werden, um ein Spiel mit deinem Kind zu entwickeln, aber die Art und Weise, wie du es gestaltest, unterscheidet sich von Familie zu Familie. Hier findest du aber auf jeden Fall die grundlegenden Ideale und Ziele, mit denen du die Struktur eines jeden Spiels ausgestalten kannst.

Die hier erwähnten im Handel erhältlichen Spiele wurden speziell entwickelt, um mit dem Spektrum der Gefühle umzugehen und Kindern zu helfen, das zu verarbeiten, was mit ihnen und ihren Familien passiert. Einem Kind in traurigen Zeiten beizustehen, kann durch Spiele erleichtert werden. Denn wenn man ihnen die Spielzeit wegnimmt, wäre das für die Kinder doch nur eine weitere Form des Verlusts. Versuche deshalb, ihre Routine beizubehalten und ersetze bloß ihre normalen Spiele durch solche, die auf die Verarbeitung eines schweren Verlustes ausgerichtet sind.

▶ Therapiestrategien, die sich als Spiele eignen

EINEN ABSCHIEDSBRIEF SCHREIBEN

Manchmal haben Menschen nicht die Möglichkeit, sich vor ihrem Tod von geliebten Menschen zu verabschieden. Diese Übung gibt deinem Kind deshalb die Gelegenheit, eine letzte Botschaft zu übermitteln. Arbeitet gemeinsam an dem Brief und fügt lustige Erinnerungen hinzu, die ihr beide teilt, sowie eine Liste der Dinge, die ihr vermissen werdet. Mach diesen Brief zu einem letzten Gespräch mit der verstorbenen Person und ermutige dein Kind, niederzuschreiben, was es fühlt.

Wie du ein Spiel daraus erstellst: Bitte dein Kind, fünf Dinge aufzulisten, die es an der Person, die es verloren hat, gemocht hat. Bitte darum, drei Lieblingserinnerungen oder zwei Düfte aufzulisten, die an diesen geliebten Menschen erinnern.

KUNST & KUNSTHANDWERK

Künstlerische Formen des Abschieds helfen, diese Erfahrung zu normalisieren. Verabschiede dich auf lustige und kreative Art und Weise und lass dein Kind seine Trauer durch Kunst ausdrücken. Bitte darum, ein Bild zu zeichnen oder eine Szene zu malen, welche die Lieblingserinnerung darstellt. Kinder können tolle Materialien verwenden, um die Bilder realistischer zu gestalten, wie z. B. Wolle und Stoffe, um Kleidung für die Bilder ihres verlorenen geliebten Menschen zu kreieren. Erstellt eine besondere Collage mit Dingen, die euch an die verstorbene Person erinnern, und hänge sie an die Wand, damit die Kinder sich immer an sie erinnern können, wann immer sie wollen.

DAS HEILENDE HERZ

Diese Übung wird von Trauertherapeuten verwendet, um Kindern zu helfen, zu verstehen, was Kummer ist und wie schmerzhaft er ist. Nehmt Materialien, die ihr beide mögt, wie z.B. Bastelpapier und Materialien, um ein großes Herz zu gestalten. Arbeitet gemeinsam an einer Herzform und schneidet sie dann mit einer Schere in Stücke. Ermutige dein Kind, auf jedes Stück des Herzens ein Wort oder einen Satz zu schreiben, der seine Gefühle ausdrückt. Dein Kind kann Bilder malen oder Fotos verwenden, um die Teile mit seinen Gefühlen zu visualisieren.

Ermutige deine Kinder nun, alle Teile wie ein Puzzle wieder zusammenzusetzen, während sie darüber sprechen, wie sie mit der Zeit seelisch heilen und sich besser fühlen werden. Tauscht eure Erfahrungen aus und stellt eine Verbindung her, während ihr Pflaster benutzt, um das gebrochene Herz zu reparieren. Pflaster helfen den Kindern, jene seelischen Wunden zu verstehen, die sie nicht sehen können. Du solltest auch erklären, dass innerer Schmerz genauso real ist wie der Schmerz, den sie fühlen, wenn sie körperlich verletzt werden.

Möglichkeiten, damit es sich wie ein Spiel anfühlt
Wenn du das Herz ausschneidest, solltest du es in verschiedene Formen zerteilen, damit es sich mehr wie ein Puzzle anfühlt. Wenn du die einzelnen Teile zu einer Gesamtform zusammenfügst, haben die Kinder das Gefühl, dass sie einfach puzzeln würden.

BASTELT EIN ERINNERUNGSARMBAND

Dies ist ein tolles Bastelprojekt für Kinder, um sich an ihre verstorbenen Angehörigen zu erinnern und ihnen eine bleibende Erinnerung zu ermöglichen. Nimm Fotos und andere Erinnerungsstücke aus der Vergangenheit und erstelle damit eine Zeitleiste über das Leben der geliebten Person. Wähle nun Steine oder Anhänger aus, die ihre Hobbys, ihre Liebe und ihre einzigartigen Eigenschaften widerspiegeln. Wenn du sie zu einem Armband formst, wird es zu einem besonderen Schmuckstück, das deine Kinder immer dann tragen werden, wenn sie sich an diesen geliebten Menschen erinnern wollen.

Möglichkeiten, es wie ein Spiel zu gestalten

Wenn du Kindern ein Projekt gibst, an dem sie arbeiten können, fühlen sie sich sofort auf bekanntem Terrain. Bitte sie, im Garten nach besonderen Steinen zu suchen oder an den Strand zu gehen, um Muscheln zu finden, die sie verwenden können.

....

BAUE EINE ERINNERUNGSBOX

Genau wie das Armband ist dies ein Umgang, mit dem Erinnerungsstücke aufbewahrt werden können, welche die verstorbene Person in Ehren halten. Die Kinder werden es zu schätzen wissen, dass sie ihre Trauer mit einem kreativen Objekt ausdrücken können. Sie können ihre Fantasie nutzen, um ihre Boxen zu bauen und zu bemalen, die einige ihrer wertvollsten Erinnerungen enthalten werden.

Möglichkeiten, es wie ein Spiel zu gestalten

Genauso wie das Armband zu einem Projekt wird, kann auch diese

Box zu einem Spiel werden. Bitte die Kinder, diese mit Dingen auszugestalten, die sie im Haus oder im Garten finden, und gib ihnen Zeit, daran zu arbeiten und sich von ihrer Trauer abzulenken.

....

ANEKDOTEN TEILEN

Falls es deinem Kind schwer fällt, über seine Gefühle zu sprechen, solltest du es mit Menschen umgeben, denen es vertraut und die ebenso eine Verbindung zu der verstorbenen Person haben. Arrangiere ein Treffen mit Freunden und Verwandten zu Hause und macht das zu einem fröhlichen Anlass. Lege Musik auf, die du mit dem Verstorbenen verbindest, und bestücke den Raum mit Fotos. Bitte die Besucher darum, ein paar Worte zu sagen und lustige Anekdoten zu erzählen, damit dein Kind von der Vergangenheit erfährt und sich an die Zeit mit dem geliebten Menschen erinnern kann. Serviere Speisen und Getränke, die an die verstorbene Person erinnern und schaffe eine Atmosphäre, die Spaß macht, auch wenn sie von Traurigkeit geprägt ist.

....

BASTELT EINE ERINNERUNGSTAFEL

Dies hilft Kindern, ihre Gefühle in Worte zu fassen. Erstelle eine Reihe von Sätzen und lass Lücken, die die Kinder ausfüllen können. Einige mögliche Sätze lauten:

- Was ich am meisten an (dem Verstorbenen) vermisse, ist ....
- Die Leute verstehen nicht, wie ich mich fühle ....
- Es macht mich wütend, wenn .....
- Meine liebste Erinnerung an (den/die Verstorbene/n) ist ...
- Seit er/sie gestorben sind, haben meine Freunde ....

- Die meiste Zeit fühle ich mich ...
- Ich fühle mich besser, wenn ich ....

Diese Punkte sollten so formuliert sein, dass du Antworten von deinem Kind bekommst, die dir helfen, mit ihm zusammenzuarbeiten, um sich zu erholen und die Tür für weitere Gespräche zu öffnen. Falls dein Kind die Übung nicht machen will, solltest du es nicht drängen. Denk daran, dass es das Recht hat, sich mit dem Tod ganz privat auseinanderzusetzen, und dass nicht jeder seine Gefühle teilen möchte.

Möglichkeiten, es wie ein Spiel zu gestalten

Ermutige dein Kind, eine Tafel zu erstellen, auf der die Lücken gefüllt werden können. Die gemeinsame Beschäftigung hilft Kindern und Erwachsenen dabei, sich als Teil des Teams zu fühlen und sich in der Trauer nicht isoliert zu fühlen.

....

PAPIER ZERREISSEN

Dies ist eine einfache Übung, die es Kindern ermöglicht, Dampf abzulassen. Nimm ein paar Blätter Papier und ermutige deine Kinder dazu, ihre Gefühle darauf zu schreiben. Kinder können ihre Gefühle in Worte fassen oder auch malen. Es ist ihre Entscheidung und sie können so kreativ sein, wie sie es selbst wollen. Sobald das Papier beschrieben/gezeichnet ist, lass es zerreißen und deine Kinder damit ihre aufgestauten Gefühle loswerden. Ermutige sie nun dazu, das Papier in die Luft zu werfen und es zu zerreißen, so viel sie wollen. Erkläre den Kindern, dass das, was sie fühlen, normal ist und sie sich nicht für immer so fühlen werden.

Möglichkeiten, es wie ein Spiel zu gestalten

Findet heraus, wie hoch Kinder ihr Papier werfen können oder wie weit. Lege Musik auf, damit die Kinder tanzen und herumspringen können, während sie das Papier in Stücke reißen, damit es mehr Spaß macht.

....

DIE SCHREI-KISTE

Wir alle wissen, wie befreiend sich ein satter Schrei anfühlt, aber wir ermutigen Kinder auch dazu, mit ihren Emotionen rationaler umzugehen, anstatt einen Wutanfall zu bekommen und sich die Seele aus dem Leib zu schreien. Tod und Trauer sind etwas anderes, und ein langer, lauter Schrei gibt Kindern die Möglichkeit, ihre Wut, Angst und Traurigkeit auf eine sichere, aber anregende Weise loszuwerden. Nimm eine Schachtel und fülle sie mit zerknülltem Papier, damit sie ihre Schreie dämpfen können und der Rest des Haushalts bei Verstand bleibt.

Möglichkeiten, um es wie ein Spiel wirken zu lassen

Gib deinen Kindern Bastelmaterial und Bilder, um die Schachtel zu dekorieren. Edvard Munchs Gemälde „Der Schrei" ist eine gute Möglichkeit, die Kiste zu verschönern. Es ist die Kiste deiner Kinder, also können sie sie auf jede erdenkliche Weise personalisieren und zu einem Teil ihrer Werkzeugausrüstung machen, mit der sie emotionale Notlagen bewältigen können.

► Erklärspiele für Trauer und Verlustbewältigung

Kinder gehen unterschiedlich mit einem Verlust um. Diese Hilfsmittel helfen aber dabei, mit deinen Kindern zusammenzuarbeiten und herauszufinden, was für sie am besten ist. Manche Kinder wollen reden und sich über das Geschehene austauschen, während andere ihre Gefühle lieber für sich behalten wollen. Das bedeutet nicht, dass du sie zum Reden zwingen solltest. Wenn Kinder es vorziehen zu schweigen, musst du das respektieren. Einige dieser Spiele werden besser funktionieren als andere, du musst selbst erkennen, was dein Kind durchlebt und wie du helfen kannst.

DER TRAUERFISCH

Dieses Spiel eignet sich für Kinder der Klassen 3-5, basiert auf dem traditionellen Go Fish-Spiel und enthält 44 Glaubenssätze, die auf Karten aufgelistet sind. Es gibt Verzerrungskarten, die in rot geschrieben sind und von den Spielern hervorgehoben und diskutiert werden sollten, um Wege zu finden, sich davon zu lösen. Die Nicht-Verzerrungskarten sind normale Gedanken und Handlungen, die in den Phasen der Heilung verarbeitet werden sollen.

....

DAS TRAUER UND VERLUST-WÜRFELSPIEL

Bei diesem Spiel gibt es speziell gestaltete Karten, die wie Bingokarten aussehen. Die Kinder werden ermutigt, die Fragen zu ihren Gefühlen und Reaktionen auf den Tod auszuwählen. Sie können zwischen Gefühlen und Erinnerungen wechseln und alle Veränderungen auflisten, die sie seit dem Zeitpunkt des Todes verspürt haben. Das ist eine informelle, aber leicht

zu handhabende Methode, um das Thema Tod zu besprechen und kann als Diskussionsleitfaden für Kinder der Klassenstufen 3 - 6 verwendet werden.

DER TRAUERNDE FROSCH

Dieses Kinderbuch über Verlust enthält einige Aktivitäten und Fragen, die Kindern helfen, über einen schweren Verlust zu sprechen. Die Geschichte handelt von einem Frosch, der seinen besten Freund verloren hat. Sie behandelt die verschiedenen Phasen der Trauer und erklärt diese in einfachen Worten, sodass Kinder sie nachvollziehen können. Das ist für jüngere Kinder im Kindergarten und bis zur 3. Klasse geeignet und enthält eine Gefühlstabelle, die sie auslegen können.

Das Buch wird von einer Drehscheibe begleitet, mit der die Kinder auswählen können, welche Frage sie beantworten wollen, sowie von einer Reihe von Fragen und Aufforderungen, die dem Kind helfen, seine Gefühle zu verarbeiten. Einige Karten sind für ältere Kinder geeignet, die Texte und Bilder erklären den Prozess des Todes auf eine Weise, die Kinder verstehen können. Diese Geschichte hilft Kindern, mit dem Verlust umzugehen, und ermöglicht es ihnen, ihre Gedanken neu zu ordnen, um sie aus einer anderen Perspektive zu sehen.

ERINNERUNG AN SPARKY

Dieses Spiel handelt von der Trauer über den Verlust eines Haustiers und hilft den Kindern, den Verlust zu verarbeiten und sich an ihr geliebtes Haustier zu erinnern. Es gibt Karten mit „Lieblingserinnerungen", die ihnen dabei helfen, sich an die guten Zeiten zu erinnern, und „Tragische Momente", die sich mit Traumata befassen, das sie empfunden haben, als sie hörten oder sahen, was mit ihrem Haustier passiert ist. Ein anderer

Kartensatz heißt „Was würdest du tun?", der das Kind dazu anregt, darüber nachzudenken, wie es jemanden trösten würde, der dasselbe durchmacht. Das schult das Einfühlungsvermögen im Umgang mit Trauer.

....

DAS KARTENSPIEL ZUR TRAUERBEWÄLTIGUNG

Dieses Kartenspiel wurde von Wholesale School Counselling entwickelt und ist eine einfache Methode, um mit jüngeren Kindern schwierige Fragen zu Tod und Trauer zu klären. Es hilft Kindern, Verlust und Trauer und die damit verbundenen Emotionen und Gefühle zu verarbeiten. Es ist nur eines von mehreren verfügbaren Kartenspielen, es können auch Online-Versionen verwendet werden.

....

INSIDE OUT - DER GEDANKENZUG

In dem beliebten Film „Inside Out" wurden Figuren vorgestellt, die Emotionen erkennen. Freude, Traurigkeit, Wut, Ekel und Angst wurden durch farbenfrohe und ausdrucksstarke Figuren symbolisiert, mit denen man ein kostenloses, ausdruckbares Brettspiel von Pinterest durchlaufen kann. Alles, was du brauchst, sind ein Würfel und ein paar Malstifte. Mit den Malstiften soll dein Kind die Farben der Gefühlsfiguren den Persönlichkeitsinseln zuordnen.

Wenn dein Kind würfelt und die Figuren bewegt, habt ihr die Möglichkeit, über die Bedeutung der verschiedenen Inseln zu sprechen. Das bietet die Möglichkeit, darüber zu sprechen, wie die Trauer diese Aspekte der Persönlichkeit verändert und Gefühle beeinflusst hat.
Die Arbeit mit Spielen und spielerischen Aktivitäten zur Bewältigung von Trauer und Verlust ist Teil der Therapie und hilft dir, einen Einblick in die

Gefühle deines Kindes zu bekommen. Es gibt so viele erschwingliche Angebote, dass du mehrere Spiele und Optionen ausprobieren kannst, um die zu finden, die zu deiner Familie passen. Die Wahrheit über Trauer lautet, dass sie uns alle betrifft, und die gemeinsame Arbeit mit deinem Kind hilft euch beiden, mit dem Verlust und der Niedergeschlagenheit fertig zu werden, die ihr empfindet. Das bringt euch einander näher und sollte so etwas sein, das für euch beide selbstverständlich ist.

Körperliche Gesundheit – Outdoor-Aktivitäten, mit denen Kinder noch Kinder sein dürfen

Manchmal lastet so viel Druck auf Kindern, dass sie ganz vergessen, unbeschwert zu sein und so zu funktionieren, wie es sich für Kinder gehört. Sie stehen unter dem Druck der Schule, im Unterricht gut abzuschneiden, und sie haben Erwartungen von ihrer Familie, die sie erfüllen müssen. Das ist in Ordnung, solange sie wissen, wie sie sich von diesem Druck befreien und das Spielen nutzen können, um zu den Grundlagen des Kindseins zurückzukehren.

Kinder, die gern mit anderen spielen, Spaß an Teamspielen haben und zusammenarbeiten, um etwas zu erreichen, werden oft zu natürlichen Führungspersönlichkeiten und effektiveren Erwachsenen, weil sie verstehen, dass sich die Welt nicht nur um sie dreht und sie besser mit anderen wirken können. Kinder mit gesunden Spielmustern verstehen auch ihre eigenen Stärken und wissen, wie sie diese einsetzen können, sie können vorangehen und Verantwortung übernehmen, ohne Angst vor dem Versagen zu haben. Die Spiele, die sie spielen sollten, beinhalten sowohl Erfolg als auch Misserfolg, Gewinnen und Verlieren und die Chance, es noch einmal zu versuchen.

Diese Art von Spielen fördert eine gesunde Einstellung zu körperlichen Aktivitäten und stillt das Bedürfnis nach Bewegung, während sie gleichzeitig Spaß macht. Diese Spiele müssen nicht kompliziert sein - es geht nur darum, herumzulaufen, Spaß zu haben und überschüssige Energie zu verbrennen. Die Regeln sollten einfach und leicht zu befolgen sein, und die Spiele sollten nicht zu lange dauern. Die folgenden Spiele sind für draußen gedacht, aber mit ein bisschen Einfallsreichtum lassen sie sich auch drinnen spielen, wenn das Wetter mal nicht so mitspielt.

Spud

Über das Spiel: Dies ist eine interessante Variante des Völkerballs und fordert die Kinder darin, so schnell wie möglich zu rennen und Gegenständen auszuweichen, die auf sie geworfen werden. Sie müssen die Körpersprache des Werfers lesen und erahnen, wohin der Ball fliegen wird. Da die Spieler beim Ausweichen still stehen müssen, müssen sie lernen, ihren Körper zu verformen, um dem Ball auszuweichen, was die Koordination verbessert.

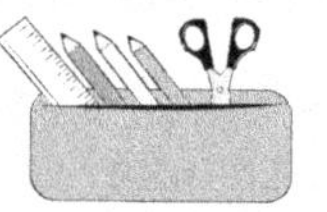 **Spielmaterialien:**

Ein Schaumstoffball oder ein anderer weicher Gegenstand zum Werfen.

 **Benötigte Zeit:**

Dreißig Minuten.

Wie viele spielen mit: Vier oder mehr.

Schwierigkeitsgrad: 1

 **Hilfreiche Tipps:**

Spielt auf einem freien Platz, damit die Kinder keine Angst haben müssen, dass sie beim Laufen gegen etwas stoßen. Das Spiel sollte sie dazu anregen, so schnell wie möglich zu rennen, um den Adrenalinspiegel zu erhöhen und das Herz höher schlagen zu lassen.

Wie man spielt

1. Beginnt das Spiel mit einem Spieler in der Mitte. Er ist der Werfer und alle anderen Spieler sollten etwas von ihm entfernt sein.

2. Der Werfer wirft den Ball in die Luft. Sobald der Ball losgelassen wird, rennen die anderen Spieler so schnell sie können vom Werfer weg und versuchen, ihn zu fangen. Wenn der Ball gefangen wird, ruft der Werfer „Spud" und die anderen Spieler müssen aufhören zu rennen und stillstehen.

3. Der Werfer versucht dann, den Spieler zu markieren, der seiner Meinung nach am leichtesten zu treffen ist. Der stillhaltende Spieler kann seinen Oberkörper bewegen, darf aber seine Füße nicht benutzen. Wenn der Spieler getroffen wird, erhält er den Buchstaben S und wird selbst zum Werfer.

4. Wenn es dem Werfer nicht gelingt, den Spieler zu treffen, wiederholt er die Schritte 2 und 3.

5. Das Spiel geht weiter.

6. Wenn ein Spieler die vier Buchstaben erhält, die das Wort S.P.U.D. ergeben, muss er das Spiel verlassen.

7. Der letzte Spieler, der noch steht, ist der Gewinner.

Themen, die du besprechen solltest: Wer war der schnellste Läufer? Wer war der beste Werfer? Wie viel Spaß macht das Laufen?

Die Regenbogen–Herausforderung

Über das Spiel: Dies ist ein Spiel für die freie Natur und fordert die Kinder heraus, über die äußere Schönheit der Natur hinaus zu sehen. Kinder sammeln natürliche Gegenstände, um sie dir am Ende des Spiels zu präsentieren.

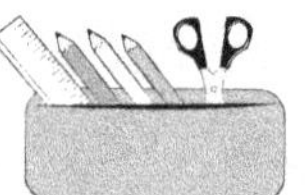 **Spielmaterialien:**

Ein bedrucktes Blatt Papier mit einem Regenbogen darauf für jeden Spieler. Ein Timer.

 **Benötigte Zeit:**

Bestimme die Zeit je nach Aufmerksamkeitsspanne der spielenden Kinder.

Wie viele spielen mit: 2 oder mehr.

 **Hilfreiche Tipps:**

Du kannst den Schwierigkeitsgrad erhöhen, indem du die Kinder aufforderst, Gegenstände zu finden, die sowohl dem Alphabet als auch der Farbe entsprechen.

Wie man spielt

1. Versammle die Kinder und gib ihnen das Blatt Papier.
2. Gib ihnen den Auftrag, einen Gegenstand zu sammeln, der zu allen Farben passt.
3. Lege ein Zeitlimit fest.
4. Sobald die Zeit abgelaufen ist, vergibst du Punkte für jeden Gegenstand, den die Kinder gesammelt haben.

Themen, die du besprechen solltest: Welcher war der ungewöhnlichste Gegenstand, der gefunden wurde? Welcher der schönste Gegenstand? Wo würden die Kinder gerne als nächstes spielen?

Sardinen

Über das Spiel: Ist deinen Kindern das normale Versteckspiel zu langweilig geworden? Probiert doch mal diese lustige Aktivität aus, um etwas Trubel in die Spielzeit zu bringen. Vor allem in großen Gruppen und auf engem Raum kann das Spiel sehr spaßig werden.

 **Spielmaterialien:**

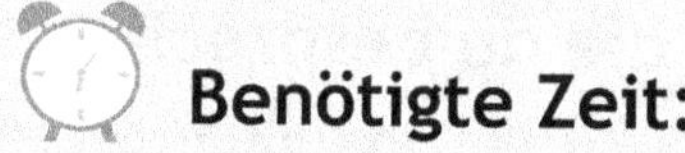 **Benötigte Zeit:**

Nur die Kinder.

Zehn Minuten.

 **Wie viele spielen mit:** Je mehr, desto lustiger wird es.

Hilfreiche Tipps:

Spielt an einem Ort mit großen natürlichen Verstecken, die unterschiedlich groß sind, damit der ursprüngliche Verstecker entscheiden kann, wie schwierig es sein wird, alle Kinder sich verstecken zu lassen.

Wie man spielt

1. Ein Kind wird als Ziel ausgewählt und hat zwanzig Sekunden Zeit, sich vor dem Rest der Gruppe zu verstecken.

2. Jeder Spieler macht sich dann auf die Suche nach dem Ziel.

3. Wenn sie das gesuchte Kind gefunden haben, müssen sie mit zu ihm in sein Versteck gehen.

4. Wenn die anderen Spielerauch fündig werden, müssen sie sich wie Sardinen in das Versteck drängen, daher auch der Name des Spiels. Die letzte Person, die das Versteck gefunden hat, ist nun das nächste Ziel und muss sich neu verstecken.

Themen, die du besprechen solltest: Wie einfach war es, alle Kinder in das Versteck zu bekommen? Wie haben sie sich gefühlt, als andere Kinder so nah bei ihnen waren? Wie schwierig war es, ruhig zu bleiben?

▶ Blätter reiben

Dies ist kein richtiges Spiel, aber es macht viel Spaß und ist einfach zu bewerkstelligen. Versammle die Kinder, gib ihnen Papier und Buntstifte und stelle einen Tisch im Garten auf. Sie dürfen nur Blätter mitbringen, die bereits auf dem Boden liegen, und sollten niemals Blätter von den Bäumen und Sträuchern pflücken. Ermutige die Kinder dazu, nach Blättern mit besonderen Merkmalen wie Löchern, Insektenstichen oder Rissen zu suchen, um es interessanter zu machen.

Mit Buntstiften und Papier reiben sie dann die Blätter ab und verwenden verschiedene Farben, um ihre Blätter künstlerisch zu gestalten. Anschließend können die Kinder Rindenabdrücke von Baumstämmen und anderen interessanten Oberflächen in der Umgebung anfertigen. Diese Übung soll die Kinder dazu bringen, über die Natur und die Jahreszeiten zu sprechen und über die gefundenen Gegenstände nachzudenken.

▶ Staffelläufe

Jede Art von Staffellauf bringt die Kinder dazu, im Team zu arbeiten, und ermuntert sie dazu, zu warten, bis sie an der Reihe sind. Das bedriedigt das Bedürfnis nach Wettbewerb, zeigt aber auch auf, dass sie manchmal Rücksicht auf andere nehmen müssen.

Ideen für Staffelläufe

Bei schmutzigen Staffelläufen können die Kinder so dreckig und nass werden, wie sie wollen. Das ist perfekt für warme Sommernachmittage, an denen die Kinder einfach nur draußen sein und sich abkühlen wollen.

- *Das Wassereimer-Rennen:* Jedes Team hat zwei Eimer, von denen einer mit Wasser gefüllt und der andere leer ist. Sie haben einen Plastikbecher und das Ziel ist es, den leeren Eimer mit einem Becher nach dem anderen zu füllen. Baue Hindernisse zwischen den beiden Eimern auf und sage den Teammitgliedern, dass sie abwechselnd den Becher füllen und dann zum leeren Eimer rennen müssen. Das Team, das als erstes den leeren Eimer gefüllt hat, gewinnt.
- *Das Schwammrennen:* Die Teams arbeiten nach dem gleichen Prinzip wie beim Wassereimer-Rennen zusammen, um einen leeren Eimer mit Wasser aus dem vollen Eimer heraus zu füllen. Diesmal stehen die Teams in einer Reihe zwischen den Eimern mit einem Schwamm. Das erste Kind weicht den Schwamm ein und gibt ihn über seinen Kopf an das nächste Kind weiter. Der Schwamm wandert die Reihe hinunter und wird in den leeren Eimer geleert.

▶ Staffelläufe hautnah und persönlich

- *Das Rennen um die Orange:* Teilt die Kinder in zwei Teams auf und lasst sie in einer Reihe stehen. Gib dem ersten Kind eine Orange, das Ziel des Spiels ist es, die Orange entlang der Linie weiterzugeben, indem sie unter dem Kinn gehalten übergeben wird. Wenn das letzte Kind die Orange erhalten hat, kannst du das Spiel beenden oder die Kinder können nach vorne rennen und das Spiel neu beginnen.

- *Vaseline-Nasenrennen:* Das ist ein superspaßiges Rennen, bei dem alle Kinder laut lachen werden. Die Teams stellen sich wie gewohnt auf, aber bei diesem Spiel hat jeder Spieler einen Klecks Vaseline auf der Nase. Das Ziel des Spiels ist es, Wattebällchen bis zum Ende der Reihe weiterzugeben. Denke daran, dass du mit keinem anderen Körperteil als der Nase in Berührung kommen darfst, und sorge dafür, dass du ein paar zusätzliche Bälle hast, denn sie fallen auf den Boden und werden dann dreckig

▶ Klassische Staffelläufe

- *Das Eier- und Löffelrennen:* Dieses Spiel kann als Einzellauf oder als Staffel für größere Kindergruppen gespielt werden. Die Teams müssen einen Löffel mit einem hartgekochten Ei darauf tragen. Sobald sie das Ei fallen lassen, können sie es nur mit dem Löffel wieder aufheben. Wenn der erste Spieler zum Team zurückkehrt, muss er das Ei nur mit dem Löffel an den nächsten Spieler weitergeben. Das Team, von dem als erstes alle Läufer den Parcours absolviert haben, gewinnt.
- *Sackhüpfen:* Dies ist eine wunderbare Möglichkeit, Kindern Koordination beizubringen. Das Team muss den Staffellauf mit den Füßen in einem Sack absolvieren und zur Ziellinie und zurück hüpfen. Wenn du keine Säcke hast, funktionieren große Kopfkissenbezüge genauso gut.
- *Die Kleiderstaffel:* Jedes Team hat einen Satz Kleidung am Ende der Linie. Die Kleidung ist für jedes Team gleich und sollte normale Klamotten, Handschuhe, Mützen und Schals enthalten. Das erste Teammitglied läuft zum Ende, zieht die Kleidung an und läuft zurück. Dann zieht er die Kleidung aus, und der zweite Spieler muss sie anziehen und zu der Stelle und wieder zurück laufen. Das Team, in dem zuerst alle Spieler das An- und Ausziehen geschafft haben, gewinnt.
- *Lauf, Kellner, lauf:* Die Teammitglieder müssen den Parcours mit einem Teller, auf dem ein Tischtennisball liegt, absolvieren. Wenn sie den Ball fallen lassen, müssen sie ihn aufheben, bevor sie weiterlaufen. Das Team, das den Parcours als erstes absolviert, ist der Sieger.

▶ Tipps für erfolgreiche Staffelläufe

- Führe eine Vorführrunde durch, falls du glaubst, dass die Kinder davon profitieren, wenn sie sehen, wie das Rennen abläuft.GT
- Wähle den Spielort mit Bedacht. Die Kinder müssen sicher sein und frei laufen können.
- Sorge dafür, dass alle gefährlichen Hindernisse vor dem Start entfernt werden.
- Denke daran, Wasser und alkoholfreie Getränke mitzunehmen, denn den Kindern wird heiß und sie werden auch bald hungrig sein.

▶ Kickball

Das ist ein Riesenspaß, wenn es mit einer größeren Gruppe von Kindern gespielt wird. Das Spiel kann auf einem Baseball-Feld oder in einem Gebiet gespielt werden, in dem du vier Bases in Form eines Diamanten abstecken kannst. Alles, was du brauchst, ist ein Ball, der groß genug ist, um ihn zu kicken, und leicht genug, dass jedes Kind damit spielen kann.

Wie wird gespielt?

1. Teile die Gruppe in zwei Teams ein.
2. Genau wie beim Baseball brauchst du einen Pitcher, der den Ball zu dem Spieler wirft, der an der Home Plate „dran" ist. Der Rest der Mannschaft ist auf den drei Bases und in anderen Verteidigungspositionen postiert.
3. Der Spieler, der dran ist, kickt den Ball dann ins Feld. Wenn der Ball nicht gefangen wird, laufen sie die Bases ab. Die Kinder sind

sicher, wenn sie die Base erreichen, aber sie können zwischen den Bases getaggt werden. Sie können auf einer Base bleiben und sich entscheiden, mit dem nächsten Läufer zu laufen.

4. Wenn der Spieler den ersten Ball verfehlt oder ihn mit einem Foul kickt, hat er zwei weitere Chancen, bevor er zum Ausscheider erklärt wird.

5. Nachdem drei Spieler ausgeschieden sind, tauschen die Teams die Positionen und das Spiel beginnt von vorne. Sie spielen dann so lange, bis die vorgegebene Zeit oder die Innings verstrichen sind, und die Mannschaft mit den meisten Punkten gewinnt.

▶ Grounders

Dieses Spiel wird auf einem Spielplatz oder an einem Ort gespielt, an dem es Spielgeräte für die Kinder gibt. Es ist eher für ältere Kinder geeignet, aber auch jüngere Kinder können mitspielen, wenn sie beaufsichtigt werden.

Wie wird gespielt?

1. Ein Spieler wird als Ziel ausgewählt und muss einen der anderen Spieler markieren.

2. Die Spieler müssen immer auf dem Spielgerät bleiben, während das Ziel auf dem Boden herumlaufen darf.

3. Wenn das Ziel auf dem Boden ist, kann er die Augen offen lassen, aber wenn er auf das Spielgerät geht, muss er die Augen schließen.

4. Während das Ziel auf dem Spielgerät ist, können die anderen Spieler auf den Boden gehen, aber wenn er merkt, dass sie das Spiel-

gerät verlassen haben, ruft er „Grounders" und alle öffnen ihre Augen.

5. Das Kind, das auf dem Boden ist, ist dann das neue Ziel.

▶ Strandspiele

Im Sand zu spielen ist eine fantastische Möglichkeit für Kinder, verschiedene Spielmethoden zu entdecken. Kinder können Sachen oder sich selbst im Sand vergraben und mit dem Gemisch aus Wasser und Sand Burgen bauen. Du kannst einen Wettbewerb für Sandskulpturen organisieren oder eine Schnitzeljagd am Strand veranstalten, bei der die Kinder den Strand und das Meer nach Muscheln und Kieselsteinen absuchen.

Der Strand ist auch der perfekte Ort, um Ballspiele, Badminton und Volleyball zu spielen. Baue ein Netz auf und teile die Kinder in Teams ein. Sie können Bälle über das Netz kicken, um zu punkten, oder mit einem Schläger Federbälle schlagen, wie beim traditionellen Badminton!

Drachensteigen am Strand ist auch eine spaßige, energiegeladene Aktivität, um Kinder in Bewegung zu bringen. Die Meeresbrise und die großen Freiflächen ermöglichen es, mit allen Kindern umherzulaufen und die perfekten Bedingungen zu nutzen. Lass die Kinder ihre eigenen Drachen gestalten und organisiere Wettbewerbe, um zu sehen, wer am höchsten und am längsten fliegen kann. Das Drachenfliegen ist eine großartige Übung, welche die Kinder zusammenschweißt und sie nach draußen bringt und aktiv werden lässt.

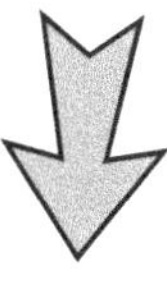

Positives Denken – Gedankenkontrolle und die Beseitigung von aufdringlichen Denkmustern

Warum sollten Kinder dazu ermutigt werden, positiv zu denken? Sicherlich haben sie als Kind die positivste Einstellung zum Leben und haben nicht die Sorgen, die wir als Erwachsene haben. Das mag zwar stimmen, aber die Dinge, über die sich Kinder Sorgen machen, sind viel komplexer. Sie müssen jeden Tag neue Erfahrungen machen und machen sich Gedanken darüber, was andere über sie denken. Sie haben kein dickes Fell, wie die meisten Erwachsenen, und lassen sich eher von der Meinung anderer Menschen beeinflussen.

Kinder werden unentwegt mit neuen Herausforderungen und Erfahrungen konfrontiert und haben keine Erfahrungswerte, auf die sie zurückgreifen können. Sie brauchen ein Ventil für ihren Stress und Möglichkeiten, um ihre negativen Gedankenmuster in positive Schwingungen umzuwandeln. Kinder haben vielleicht auch noch Erinnerungen an Probleme, die in ihrem Leben passiert sind, und müssen lernen, diese spielerisch zu bewältigen. Die Arbeit in Gruppen von Kindern und Erwachsenen hilft dabei, sich sicher zu fühlen, negative Gedanken mitzuteilen und Hilfe dabei zu bekommen, Misserfolge in Lernchancen zu verwandeln und ihre Erfolge zu feiern.

Das Siegfeier–Spiel

Über das Spiel: Dieses Spiel ist eine therapeutische Methode für die Familie oder eine Gruppe von Freunden, um sich daran zu gewöhnen, sich auch mal selbst zu loben. Es kann wettbewerbsorientiert gestaltet sein und durch ein Punktesystem zu weiteren Erfolgen anspornen, aber insgesamt sollte das Spiel dazu dienen, zusammenzukommen und sich gegenseitig zu gratulieren.

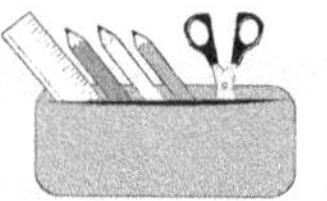 **Spielmaterialien:**

Klebeband, um den Boden zu markieren.

 **Benötigte Zeit:**

Zehn Minuten.

Wie viele spielen mit: Vier oder mehr.

Schwierigkeitsgrad: 1

 **Hilfreiche Tipps:**

Lass die Kinder sprechen, wenn sie bereit sind, und zwinge sie nie, sich zu beteiligen. Manche Kinder hören beim ersten Spiel lieber zu und lernen, wie andere ihre Leistungen beschreiben. Das ist genauso hilfreich, als wenn sie ihren Erfolg mitteilen, denn es gibt ihnen etwas, nach dem sie streben können.

Wie man spielt

1. Erstelle fünf Bandlinien für jeden Spieler.
2. Bitte den ersten Spieler, seinen Erfolg zu beschreiben und wie er sich gefühlt hat.
3. Dann springt er zur nächsten Markierung auf dem Boden.
4. Lass die nächste Person dasselbe tun und mach so weiter, bis die Gruppe durch ist.
5. Beende das Spiel, indem du allen applaudierst und sie umarmst.

Themen, die du besprechen solltest: Hat jemand einen Erfolg erwähnt, der alle überrascht hat? Was war die beste Erfolgsgeschichte, die sie heute gehört haben? Ermutige die Gruppe dazu, mehr über ihre Hoffnungen für die Zukunft zu sprechen.

▶ Zukunftssorgen

Dies ist eine Übung für ältere Kinder, um ihre Sorgen zu benennen und sie anzugehen, bevor sie ernsthaft auftreten. Sie lehrt die Kinder, sich ihrer Sorgen bewusst zu werden und sich mit den Fähigkeiten auszustatten, die sie brauchen, um mit Problemen in der Zukunft umzugehen. Es ist zwar kein Spiel im eigentlichen Sinne, aber es lohnt sich, es mit einzubeziehen, weil es das positive Denken fördert.

Diese ist keine Übung für jüngere Kinder, aber Kinder über zehn Jahren können davon schon profitieren. Lade eine Gruppe von Kindern unterschiedlichen Alters ein, sich zu versammeln. Sag ihnen, dass sie ein Blatt Papier und einen Stift nehmen und vier Spalten zeichnen sollen. Beschriftet sie mit „morgen", „nächste Woche", „nächster Monat" und „nächstes Jahr". Nehmt euch Zeit, um darüber nachzudenken, welche Themen und Probleme sie in den vier verschiedenen Zeiträumen betreffen könnten und schreibt sie in die Spalten.

Zu jedem Problem sollten die Kinder drei Vorschläge machen, wie sie damit umgehen, die Kontrolle übernehmen und Stress und Ängste abbauen können. Gib der Gruppe genügend Zeit, um über ihre Antworten nachzudenken, bevor du sie aufforderst, ihr Papier der Gruppe vorzustellen. Diskutiert in der Gruppe, welche Probleme aufgeworfen wurden und welche Methoden vorgeschlagen wurden, um damit umzugehen. Glauben die anderen Kinder, dass es noch andere Möglichkeiten gibt, mit den Problemen umzugehen? Mussten sie sich in der Vergangenheit schon mit diesen Problemen auseinandersetzen? Die Übung hilft den Kindern, um Hilfe und Rat zu bitten und ihre Erfahrungen miteinander zu teilen. Menschen fühlen sich besser, wenn sie Teil eines Teams sind, und das hilft den Kindern zu erkennen, dass sie nicht alleine sind.

Miesmacher gegen Optimist

Über das Spiel: Dieses Spiel erfordert einige Vorbereitungen, aber bietet eine lustige Möglichkeit, um Kindern ab fünf Jahren beizubringen, wie man positive Selbstgespräche führt. Du gibst einen Satz Szenariokarten und zwei zusätzliche Kartensätze aus, auf denen die Wörter Miesmacher und Optimist stehen.

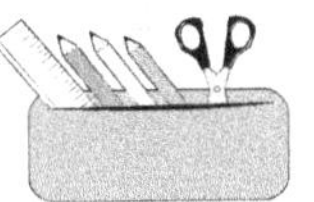 **Spielmaterialien:**

Die drei Kartensätze und zwei Röhren.

Benötigte Zeit:

Zehn Minuten.

Wie viele spielen mit: Vier Leute.

 **Schwierigkeitsgrad:** 2

 **Hilfreiche Tipps:**

Beschrifte die beiden Röhren mit „Ja" und „Nein" oder anderen Worten, die deine Familie benutzt, um Erfolg und Misserfolg zu signalisieren.

Wie man spielt

1. Bitte den ersten Spieler darum, eine Szenariokarte vom Stapel zu nehmen.
2. Dann nimmt er eine Karte vom Positiv/Negativ-Stapel.

3. Ersuche darum, die Szenariokarte vor der Gruppe vorzulesen.

4. Bitte das Kind, aufzudecken, ob es eine positive oder negative Karte hat.

5. Dann müssen sie das Szenario so behandeln, wie es auf der Karte steht, entweder mit positiven oder negativen Selbstgesprächen, bevor sie die Karte in die Röhre stecken.

Themen, die du besprechen solltest: Wie haben sich die Kinder gefühlt, als die negativen Selbstgespräche geäußert wurden? Hatten sie nach der Übung ein positiveres Gefühl? Welche anderen Szenarien würden sie einbeziehen?

Mögliche Szenarien, die du verwenden kannst:

- Die Lehrerin oder der Lehrer stellt dir eine Matheaufgabe und du kennst nur die Antwort auf die ersten beiden Teilfragen.
- Du hattest einen fürchterlichen Albtraum und bist verängstigt aufgewacht.
- Eine Gruppe von Kindern hat gelacht, als du an ihnen vorbeigelaufen bist.
- Du wirst gebeten, in der Klasse laut vorzulesen.
- Du möchtest mit jemandem befreundet sein, aber du hast Angst, dass er dich nicht mag.
- Dein bester Freund muss in eine andere Stadt umziehen.
- Du spielst Frisbee im Garten und machst aus Versehen ein Fenster kaputt.
- Einige deiner Freunde sind ohne dich in den Park gegangen.
- Du möchtest unbedingt neue Schuhe haben, aber deine Mutter sagt dir, dass sie sich das nicht leisten kann.
- Dein Hund ist über Nacht verschwunden.
- Die Familie hat einen Ausflug in den Zoo geplant, aber du kannst nicht mitkommen, weil du Hausarrest hast.
- Der neue Haarschnitt, den du gerade bekommen hast, sieht nicht gut aus.

- Du hast Zahnschmerzen und musst zum Zahnarzt gehen, aber du hasst das Geräusch des Bohrers.
- Jemand in der Schule sagt dir, dass du doof aussiehst.

Die Punkte im Spiel sind nicht besonders wichtig, aber du könntest sie für einfallsreiche Antworten oder für die Positivität vergeben. Das Hauptziel des Spiels ist es, die Kinder zum Reden zu bringen und ihnen aufzuzeigen, wie ihr Denken negative Szenarien in positive Ereignisse verwandeln kann. Es ist nie zu früh, ein Optimist zu werden und die Kinder werden schon bald beginnen, ihre Sichtweise zu ändern und dabei lernen, wie sie aufdringliche Selbstzweifel ausblenden können.

Das positive Wortspiel

Über das Spiel: Dies ist eine einfache Methode, um die Denkweise deiner Kinder zu verändern und hilft dabei, positive Wörter zu verwenden, um ihre Gespräche aufmunternd zu gestalten und die Kraft des Positiven zu fördern. Das ist auch eine wunderbare Möglichkeit, den Wortschatz zu erweitern und Kinder dazu zu bringen, Möglichkeiten für positive Ausdrücke zu erkunden.

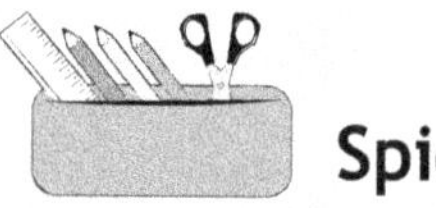 **Spielmaterialien:**

Keine.

 **Benötigte Zeit:**

Fünf Minuten.

Wie viele spielen mit: 2 oder mehr.

Schwierigkeitsgrad: 2

 **Hilfreiche Tipps:**

Halte ein Wörterbuch oder eine Online-Quelle bereit, in der die Kinder nachschlagen können, wenn ihnen keine neuen Wörter einfallen. So ermutigst du sie, ihren Wortschatz zu erweitern und ungewöhnliche Wörter zu benutzen, die nicht zum allgemeinen Sprachgebrauch gehören.

Wie man spielt

1. Bitte die Kinder, sich in einen Kreis zu setzen und sich gegenüber anzusehen.
2. Das erste Kind sagt ein positives Wort, das mit dem ersten Buchstaben seines Namens beginnt.
3. Das zweite Kind macht das Gleiche, bis alle Kinder an der Reihe sind.
4. Dann müssen die Kinder Wörter aufsagen, die mit dem zweiten Buchstaben ihres Namens beginnen, und die anderen Kinder tun das Gleiche.
5. Das Spiel geht so lange weiter, bis alle Kinder alle Buchstaben ihres Namens verwendet haben.
6. Verteile Punkte für Kreativität und schnelles Denken.

Themen, die du besprechen solltest: Wer hatte die schwierigsten Buchstaben in seinem Namen? Was war das positivste Wort des Tages? Hat die Verwendung des eigenen Namens das Spiel zu etwas Besonderem gemacht?

▶ Im Handel erhältliche Spiele, die positives Denken fördern

CHUTES AND LADDERS - RUTSCHEN UND LEITERN

Dieses einfache Kinderspiel sieht vielleicht nur nach Spaß aus, aber es ist auch ein effektiver Weg, um Kinder an die Höhen und Tiefen heranzuführen, mit denen sie in der Zukunft konfrontiert sein werden. Das mag wie eine Kurzaktivität für Regentage aussehen, aber das Spiel bietet viele Möglichkeiten, wichtige Lektionen fürs Leben zu lernen.

Einige der Lektionen, die Kinder durch das Spiel erlernen:
- Die wichtigste Lektion lautet, dass das Leben voller Rutschen ist - das ist eine Tatsache, die niemand ignorieren kann. Sie können kurz und leicht ärgerlich sein oder lang und dich wieder an den Anfang zurückwerfen. Keine noch so gute Planung kann dir helfen, sie zu vermeiden, nur ein Würfelwurf sorgt dafür, dass du auf der Rutsche landest, egal wie ungerecht es scheint.
- Die zweite Lektion ist, dass es nicht bedeutet, dass das Spiel vorbei ist, wenn du eine Rutsche runterrutschst, und dass du dich davon erholen kannst. Das kann eine gute Sache sein, denn wenn du an den Anfang des Spiels gerutscht bist, gibt dir das die Möglichkeit, die längste Leiter im Spiel zu erklimmen. Es ist eine zweite Chance, auf einer Glücksleiter zu landen und ganz nach oben zu kommen.
- Die dritte Lektion besagt, dass du dich nicht nur auf die Rutschen konzentrieren solltest, denn es gibt genauso viele Leitern auf dem Spielbrett. Das Leben ist voller Fallschirme und Leitern, und du wirst mit Rückschlägen umgehen müssen, aber du solltest immer nach Möglichkeiten und Chancen Ausschau halten, um weiterzukommen.

CASHFLOW 101

Dieses Spiel, das eher für ältere Kinder geeignet ist, dreht sich um Geld und trainiert den finanziellen Sachverstand. Es beinhaltet zwei Strecken, die Überholspur und die Rattenfalle, auf denen die Spieler nach Möglichkeiten suchen müssen, um auf die Überholspur zu gelangen und die Rattenfalle hinter sich zu lassen.

Das Spiel lehrt außerdem Folgendes:
- Wie man zwischen Aktiva und Passiva unterscheidet
- wie du eine einfache Gewinn- und Verlustrechnung erstellst, um einen besseren Überblick über deinen Cashflow zu bekommen
- Wie du eine effektive Bilanz erstellst
- Wie man ein Budget aufstellt und das vorhandene Geld effektiv einsetzt
- Es lehrt die Spieler, wie sie finanzielle Möglichkeiten bewerten und entscheiden können, ob es sich um gute oder schlechte Investitionen handelt
- Es gibt den Spielern die Möglichkeit, mit Immobilien, Investmentfonds und Aktien Geschäfte zu machen
- Es lehrt die Spieler, wie man ein Unternehmen führt.

Der Gedanke an den Umgang mit Geld wird oft vergessen, wenn es darum geht, Kindern etwas beizubringen. Daher ist dieses Spiel der perfekte Weg, um ihnen eine der nützlichsten Fähigkeiten zu vermitteln, die sie brauchen: finanzielle Kompetenz und den Umgang mit ihrem Geld. So lernen sie, wie wichtig Finanzen sind und wie man sich von Schulden fernhält.

....

MONOPOLY

Ein weiteres klassisches Brettspiel, das Kindern und Erwachsenen beibringt, wie man im Leben gewinnt. Es kann von 2 - 8 Spielern gespielt werden und konzentriert sich auf den Kauf von Grundstücken und das Eintreiben von Mieten von Spielern, die auf bestimmten Feldern landen. Das Spiel ist eine grundlegende Darstellung des Kapitalismus und führt Kinder an Eigentum und finanzielle Intelligenz heran.

Das Spiel lehrt auch die folgenden Lebenslektionen:

- Um im Leben erfolgreich zu sein, musst du immer „das Spiel" spielen. Deine Gedanken müssen sich auf deine Ziele konzentrieren und du musst dir die folgende Frage stellen, bevor du eine Entscheidung triffst: „Wird mich diese Entscheidung auf dem Weg zum Erfolg halten und mich meine Ziele erreichen lassen, oder ist sie eine Ablenkung, die mich vom Kurs abbringen wird?"
- Beim Spiel geht es darum, zu investieren und dein Erspartes wachsen zu lassen, während du deine Interessen aufteilst, damit du bei Bedarf den Kurs ändern kannst. Das Spiel hat Karten, die dein Schicksal bestimmen und deine Lebensumstände sofort verändern können, sodass du umdenken und den Kurs ändern musst.
- Es lehrt dich, Bargeld für Notfallpläne zurückzubehalten und deine Finanzen nicht überzustrapazieren.

PANDEMIE

Obwohl die Welt gerade eine echte Pandemie erlebt hat, macht dieses Spiel immer noch großen Spaß. Es stellt eine Situation dar, in der vier verschiedene Krankheiten gleichzeitig in verschiedenen Teilen der Welt ausgebrochen sind. Das Spielbrett hat die Form des Planeten Erde und die Spieler müssen zusammenarbeiten, um die Krankheiten mit Hilfe von medizinischen Spezialisten zu bekämpfen und Heilmittel zu finden, bevor die Bevölkerung ausgelöscht wird.

Was das Spiel lehrt:

- Im Gegensatz zu den meisten anderen Spielen ist Pandemie eher ein kooperatives als ein kompetitives Spiel. Es erlaubt allen Spielern, ein Team zu bilden und zusammenzuarbeiten, um eine globale Katastrophe zu verhindern.
- Bei fast jedem Zug einer Karte müssen die Mitspieler über ihre Strategie sprechen. Die kleinsten Fehler können zu großen Katastrophen führen.
- Die Spielerinnen und Spieler merken schnell, dass sie die Erde und die ganze Menschheit retten können, wenn jeder seinen Teil dazu beiträgt, und zwar zielführend.
- Das Spiel legt den Schwerpunkt auf Teamarbeit und Kooperation und erinnert daran, dass wir die Probleme, mit denen wir heute konfrontiert sind, lösen könnten, wenn die reale Welt nach denselben Prinzipien funktionieren würde.

MASTERMIND

Dieses Spiel mag auf den ersten Blick wie ein einfaches Farbkoordinationsspiel aussehen, aber wird hauptsächlich dazu verwendet, um in Mathekursen Logik und Problemlösungsfähigkeiten zu lehren und in der Wissenschaft Hypothesen und die Interpretation von Ergebnissen zu vermitteln. Es ist ein Codeknackspiel, das viel Spaß macht und den Spielerinnen und Spielern einen Rahmen bietet, in dem sie ihr logisches Denken und ihre Interpretationen der Informationen, die sie erhalten, testen können.

PRIME CLIMB

Dies ist ein Spiel für Kinder, die Mathe eher weniger mögen und dennoch lieben lernen werden! Hier haben wir ein gut durchdachtes und ästhetisch ansprechendes Brettspiel, das alle Spieler gleichermaßen anspricht. Das farblich gekennzeichnete Brett ermöglicht es den Spielern, Multiplikation und Division durch Farbkombinationen zu ersetzen. Du würfelst und bahnst dir deinen Weg in die Mitte des Spiels, indem du Addition, Subtraktion, Division und Multiplikation mit Hilfe von Farben und visuellen Hinweisen durchführst. Dieses Spiel macht selbst aus einem wenig mathematikaffinen Kind einen Meister dieses Fachs.

SCHACH

Das Schachspiel darf in einer Liste von Brettspielen, die positives und strategisches Denken fördern, natürlich nicht fehlen. Das Spiel wurde vor über 500 Jahren in Indien erfunden und ist eines der beliebtesten Strategiespiele überhaupt. Es erfordert vorausschauendes Denken und strategisches Vorgehen. Studien, die in den frühen 00er Jahren in Südamerika durchgeführt wurden, ergaben, dass Schüler, die vier Monate lang Schachunterricht erhielten, mit einem höheren IQ aus dem Experiment hervorgingen. Schach trainiert das Gehirn und die Strategien, die dabei angewendet werden, fordern beide Seiten des Großhirns.

Schach lehrt dich auch das Folgende:

Fokus und Konzentration: Du musst das Spiel betrachten, wie es ist, wie es sich entwickeln wird und wie es in fünf Zügen aussehen wird. Wenn du dir vorstellst, welche Züge dein Gegner macht und wie sie sich auf das Brett auswirken, wird deine Konzentrationsfähigkeit gestärkt.

Du lernst so, vorausschauend zu planen und dir Strategien für verschiedene Szenarien zurechtzulegen. Effektive Schachspieler lassen sich nicht von gegnerischen Zügen einfach überrumpeln, denn sie sind in der Lage, vorausschauend zu handeln und zu reagieren, weil sie auch vorausschauend planen können.

Das Spiel verbessert das logische und laterale Denken, denn du überlegst ständig, wie sich dein Zug auf die Züge deines Gegners auswirken wird und was passiert, wenn du einzelne Figuren bewegst. Das ist die Macht des logischen Denkens!

Das Spiel lehrt auch Optimismus. Selbst, wenn du mehrere Figuren verloren hast, kannst du wieder ins Spiel zurückfinden. Benjamin Franklin nutzte Schach als Lernmittel und wird mit den folgenden Worten zitiert: „Vom Schach lernen wir die größte Maxime des Lebens - dass wir auch dann, wenn alles schlecht für uns zu laufen scheint, nicht den Mut verlieren, sondern in der Hoffnung auf eine Wende zum Besseren unbeirrt weiter nach den Lösungen für unsere Probleme suchen sollten."

Brettspiele helfen der Familie, zusammenzufinden und eine spielerische Aktivität miteinander zu teilen, die untereinander zusammenschweißt. Diese lehrreichen Erfahrungen sind ebenso wichtig wie die gemeinsame Zeit mit den Menschen, die du liebst. Ermutige deine Kinder deshalb, diese Art von Spielen mit ihren Freunden oder ihrer ganzen Familie zu spielen, wenn sie Sicherheit und Zugehörigkeit erfahren müssen. Spiele sind wie alte Freunde und ein wirksames Mittel, um invasive Gedanken zu beruhigen.

Das Wohlbefinden – Wie man achtsam, gesund und aktiv wird

Das Wohlbefinden eines Kindes steht an erster Stelle. Wir sollten alle an einem Strang ziehen, um sicherzustellen, dass jedes Kind die Chance hat, gesund zu sein, aber wie bringen wir ihnen bei, achtsam zu werden? Die Kinder von heute haben so viele Möglichkeiten und auch die Unterhaltung im Internet ist nur einen Fingertipp entfernt. Als vielbeschäftigte Eltern kann es daher verlockend sein, die Elektronik zur Unterhaltung und Erziehung der Kinder zu nutzen, damit man sich anderen Aufgaben widmen kann. Online-Spiele und Medieninhalte sind unglaublich effektiv, werden aber manchmal überstrapaziert. In diesem Abschnitt des Buches geht es darum, den Hintern hochzukriegen und gemeinsam mit deinen Kindern aktiv zu werden, damit ihr alle gesünder und aktiver werdet.

Spiele, die auch bei schlechtem Wetter gespielt werden können, wenn ihr in den eigenen vier Wänden bleiben müsst

Das Wetter kann eine bedeutende Rolle dabei spielen, wie ihr mit euren Kindern spielt. Niemand will schließlich bis auf die Haut nass werden oder frieren, wenn man ein schönes Zuhause als Spielplatz nutzen kann. Diese Spiele zeigen dir, wie du deine alltäglichen Wohnräume in wunderbare Spielstätten verwandeln kannst, die deine Kleinen erkunden und bespielen können. Diese Spiele und Aktivitäten bringen Sonnenschein auch in die trübsten Tage und verhindern Langeweile und das damit verbundene Wehklagen und werden den Verstand deiner Kinder herausfordern und sie müde, aber zufrieden zurücklassen, weil sie einen schönen Tag hatten.

KLEBEBAND–SPIELE

> *Primär solltest du unbedingt eine Rolle Klebeband in deinem Repertoire haben, um die Langeweile zu vertreiben. Damit kannst du auch mit den einfachsten Mitteln magische Orte zum Spielen erschaffen.*

Das „Klebeformen"–Spiel

Über das Spiel: Dieses Spiel ist gut für jüngere Kinder geeignet, aber auch ältere Kinder werden das spaßige Lernspiel zu schätzen wissen, denn es bringt den Kindern Formen, Buchstaben und Zahlen bei und zeigt ihnen obendrein, wie man sich auf ungewöhnliche Weise bewegt. Weil es so einfach und doch so lustig ist, werden sie sich bald beim Herumlaufen vor Lachen krümmen.

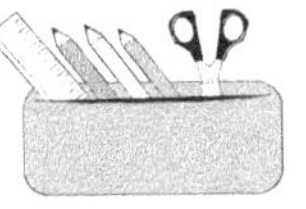 **Spielmaterialien:**

 **Benötigte Zeit:**

Etwas Klebeband und ein freier Boden, Karten mit Zahlen und Buchstaben für ungewöhnliche Bewegungsmöglichkeiten.

Dreißig Minuten.

Wie viele spielen mit: Ab zwei Personen.

Schwierigkeitsgrad: 1

 **Hilfreiche Tipps:**

Sei kreativ bei den Bewegungsmethoden und nimm Beispiele zuhilfe, die die Kleinen zum Kichern bringen.

Wie man spielt

1. Verwende das Klebeband, um verschiedene Formen auf dem Boden nachzubilden, z.B. Viereck, Kreis und andere Formen und beschrifte sie mit Buchstaben und Zahlen.
2. Beginne mit den Kindern an der gleichen Stelle der Markierungen.
3. Wähle für jedes Kind eine Karte aus, die besagt, zu welcher Form es sich bewegen soll.
4. Wähle nun eine Bewegungsmethode aus, welche die Kinder anwenden sollen.
5. Lass die Kinder alle gleichzeitig losrennen, damit es zu Körperkontakt kommt und mehrere Kinder auf jeder Form stehen bleiben.
6. Es ist nicht nötig, Punkte zu vergeben, aber du kannst den Kindern, die am kreativsten sind, eine Belohnung geben.

Beispiele für Bewegungsmethoden:

*   Wie ein Hase hüpfen
*   Wie ein Bäre laufen
*   Wie ein Fisch schwimmen
*   Mit den Händen auf dem Kopf umherlaufen
*   Auf dem linken Bein hüpfen
*   Sternsprünge machen
*   Auf dem Hintern rutschen

Themen, die du besprechen solltest: Welcher Bewegungsstil war am lustigsten? Wer hat Geräusche gemacht, um seine Bewegungen noch lustiger zu machen? Wer hat die größte Strecke zurückgelegt?

Das Klebebandlinien–Spiel

Über das Spiel: Dies ist eine unkomplizierte Möglichkeit, den Kindern eine lustige Umgebung für Leichtathletik- und Turnübungen bereitzustellen. Die Kinder müssen genau zuhören und die Anweisungen befolgen, um Punkte zu bekommen, was ihre Konzentration fördert. Sobald sich die Anweisungen ändern, müssen sie ihre Bewegungen anpassen, was ihre Koordinationsfähigkeiten stärkt.

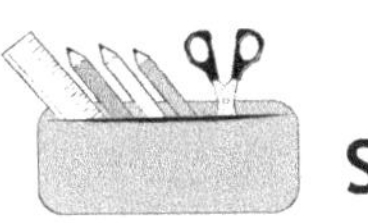 **Spielmaterialien:**

Klebeband.

 **Benötigte Zeit:**

Zehn Minuten.

 **Wie viele spielen mit:** Ab zwei Teilnehmern.

 **Schwierigkeitsgrad:** 1-2

Wie man spielt

1. Bilde fünf bis zehn Linien auf deinem Boden nach, je nach Platzangebot mit 30cm Abstand.
2. Die erste Linie ist die Startlinie.
3. Die Kinder beginnen an der ersten Linie und folgen deinen Anweisungen.
4. Das Kind, das am weitesten auf den Linien zum Stehen kommt, bekommt einen Punkt.
5. Das Kind mit den meisten Punkten gewinnt.

Vorgeschlagene Aktivitäten:

- Weitsprung: Finde heraus, über wie viele Linien die Kleinen springen können. Variiere die Sprünge mit schwingenden Armen oder hinter dem Rücken verschränkten Händen.
- Laufen und Springen: Mit Anlauf über die Bänder springen.
- Weitsprung rückwärtsgewandt: Erhöhe die Schwierigkeit, indem du die Kinder bittest, rückwärts zu springen.
- Hüpfen: Bitte die Kinder darum, die Übung auf einem Bein auszuführen.
- Ausstrecken: Die Kinder müssen einen Teil ihres Körpers auf der Startlinie behalten und sehen, wie weit sie mit dem Rest ihres Körpers kommen können.

Themen, die du besprechen kannst: Themen, die du besprechen kannst: Wer war bei seinen Sprüngen und Dehnungen am einfallsreichsten? Werhat den stärksten Wettbewerbsgeist? Haben die Kinder Ideen, um den Parcours schwieriger zu machen?

Hopscotch – Himmelhix

Über das Spiel: Dieses britische Spiel ist so einfach und doch so cool zugleich! Es beinhaltet neun nummerierte Kisten, die nebeneinander gestapelt werden können. Die Kinder müssen auf deine Anweisungen hören und dann genau das tun, was du sagst. Das Spiel verbessert das Zuhören und die Koordination und macht riesigen Spaß.

 **Spielmaterialien:**

Klebeband.

 **Benötigte Zeit:**

Fünf Minuten.

Wie viele spielen mit: Ab einem Teilnehmer.

Schwierigkeitsgrad: 2

 **Hilfreiche Tipps:**

Du kannst bei diesem Spiel so kreativ sein, wie es beliebt. Baue Ideen für die Bewegung wie „rutschen" oder „rückwärts laufen" mit ein, um das Spiel noch interessanter zu gestalten. Verwende auch die Zahlen, um mathematische Probleme zu lösen und bitte dein Kind zum Beispiel, zu den beiden Feldern zu hüpfen, die zusammen sechzehn ergeben, oder zu den beiden Feldern, die multipliziert siebenundzwanzig ergeben.

Wie wird gespielt?

1. Jedes Kind ist einmal an der Reihe und stellt sich vor das erste Feld.
2. Du gibst nun die Aufgabe vor.
3. Die Teilnehmer führen sie aus und kehren zum Start zurück.
4. Das Spiel ist zu Ende, wenn alle Kinder an der Reihe waren.

Themen, die du besprechen solltest: Würden die Kinder gerne mit einem Punktesystem spielen, um das Spiel interessanter zu machen? Sollten die Quadrate beim nächsten Mal größer oder kleiner werden? Wer war der Beste beim Hüpfen?

Gut zu wissen: Dieses Spiel eignet sich perfekt, um es draußen auf Steinplatten und mit Kreide zu spielen. Schau dir Bilder von Kindern aus der Vergangenheit an, die dieses traditionelle Spiel auf den gepflasterten Straßen Englands gespielt haben.

LUFTBALLONSPIELE

Falls du ein paar Luftballons daheim hast, werdet ihr nie wieder einen langweiligen Regentag erleben müssen! Mit einfachen Luftballonspielen können deine Kinder auch drinnen spielen, ohne Schaden anzurichten, und trotzdem Spaß haben.

Ballonschlagen

Über das Spiel: Bei diesem Spiel haben die Kinder Spaß daran, sich miteinander zu messen und bei einer einfachen Übung besser zu werden. Sie entwickeln Strategien, um ihre Leistung zu verbessern und bessere Ergebnisse zu erzielen, was ihr Selbstvertrauen und ihr abstraktes Denken stärkt.

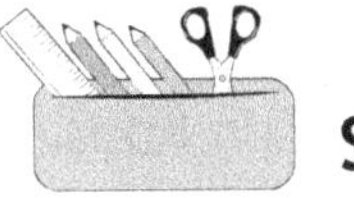 **Spielmaterialien:**

Luftballons und Reißzwecken, um sie zu befestigen, Maßband.

 **Benötigte Zeit:**

Fünf Minuten.

Wie viele spielen mit: So viele Kinder, wie gewünscht.

Schwierigkeitsgrad: 1

 **Hilfreiche Tipps:**

Lege ein paar Ballons in verschiedenen Höhen bereit, damit die Kinder auf gleicher Augenhöhe beginnen können. Mit wachsendem Selbstvertrauen können sie dann zu höheren Ballons greifen.

Wie man spielt

1. Wähle eine Stelle aus, an der du den Ballon ein paar Zentimeter höher als die Oberkante deines Arms anheftest.
2. Fordere jedes Kind auf, den Ballon so oft wie möglich mit den Fingerspitzen anzutippen, ohne ihn zu verfehlen.
3. Zähle die Anzahl der Schläge, bis sie ihn verfehlen.
4. Das nächste Kind versucht, den Ballon anzutippen, und du zählst, bis es ihn verfehlt.
5. Das Kind mit den meisten Fingern in einer Reihe ist der Gewinner.
6. Wiederhole das Spiel, aber ersetze die Fingerspitzen durch den Kopf.

Themen, die du besprechen solltest: Wer war der sportlichste Hüpfer? War es anstrengender, als sie dachten? Wie könnten die Kinder ihre Sprünge in Zukunft verbessern?

Ballon–Volleyball

Über das Spiel: Bei diesem Spiel springen die Kinder herum und versuchen dabei herauszufinden, wohin der Luftballon fliegt. Normale Bälle verhalten sich anders als Luftballons, also rennen sie in die eine Richtung und der Ballon fliegt vielleicht in die andere.

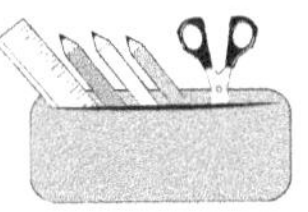 **Spielmaterialien:**

 **Benötigte Zeit:**

Zwei Stühle, etwas Schnur und ein Luftballon.

Zehn Minuten pro Partie.

 **Wie viele spielen mit:**   Vier oder mehr Teilnehmer.

 **Hilfreiche Tipps:**

Sorge dafür, dass die Möbel an einem sicheren Ort stehen, denn der Ballon wird überall hinfliegen. Die Kinder haben ein besseres Spielerlebnis, wenn sie nicht befürchten müssen, dass sie irgendwo dagegen stoßen.

Wie wird gespielt?

1. Teile die Kinder in zwei Teams ein.
2. Das Kind in der hinteren rechten Ecke schlägt zuerst auf.
3. Wenn die aufschlagende Mannschaft den Punkt gewinnt, schlägt sie erneut auf.

4. Wenn die gegnerische Mannschaft den Punkt gewinnt, schlägt sie als nächstes auf.

5. Die Mannschaft, die zuerst sieben Punkte erreicht hat, gewinnt.

Themen, die du besprechen solltest: Werden die Kinder nun auch normales Volleyball spielen, sobald das Wetter besser ist? Können sie sich vorstellen, Beachvolleyball zu spielen? Wie verrückt hat sich der Ballon umherbewegt?

Das Klebezettel–Wand–Spiel

Über das Spiel: Dieses Spiel ist perfekt geeignet, um Lese- und Schreibfähigkeiten, Konzentration und Rechtschreibung zu verbessern. Es kann mit Kindern aller Altersgruppen und mit unterschiedlichen Schwierigkeitsgraden gespielt werden.

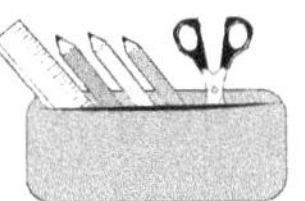

Spielmaterialien:

26 Haftnotizen, auf denen jeweils ein Buchstabe des Alphabets steht, ein Bohnensack oder ein Paar aufgerollte Socken. Blöcke und Papier. Klebeband für eine gerade Linie.

Benötigte Zeit:

Fünf Minuten.

Wie viele spielen mit: Mindestens ein Teilnehmer.

Schwierigkeitsgrad: 1-2

Hilfreiche Tipps:

Wenn deine Kinder mit Matheaufgaben mehr Spaß haben sollten, ersetze die Buchstaben durch Zahlen, um eine eindeutige Punktzahl zu erreichen.

Wie man spielt

1. Ordne die Klebezettel auf der Rückseite einer Tür oder an der Wand an.
2. Markiere die Startlinien ein paar Meter von der Tür entfernt.
3. Bitte das Kind, den Sack auf Buchstaben zu werfen, um bestimmte Wörter zu bilden.
4. Wenn dein Kind falsch liegt, muss es noch einmal anfangen.
5. Das Kind, welches das längste Wort ohne Fehler buchstabiert, gewinnt das Spiel.

Themen, die du besprechen solltest: Hätten die Kinder es genauso gut lösen können, wenn sie weiter hinten gestanden hätten? Welches war ihr Lieblingswort? Wer hat am besten abgeschnitten?

Alligator–Parcours

Über das Spiel: Dies ist ein klassischer Hindernisparcours mit einer Besonderheit. Ziel des Spiels ist es, so kreativ wie möglich von einem Ende des Parcours zum anderen zu gelangen.

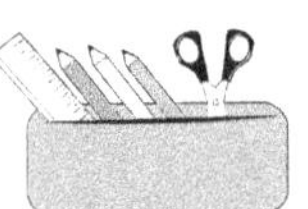

Spielmaterialien:

Stelle etwa Inseln und Boote mit Kissen, Kuscheltieren, Büchern und Teppichen dar.

Benötigte Zeit:

Fünf Minuten zum Spielen.

Wie viele spielen mit: Vier Kinder.

Schwierigkeitsgrad: 2

Hilfreiche Tipps:

Mach den Parcours doch interessanter, indem du Punkte für die schwierigeren „Inseln und Boote" vergibst, damit die Kinder riskieren, ins „Wasser" zu fallen, um mehr Punkte zu bekommen. Das Spiel macht noch mehr Spaß, wenn Mama oder Papa in die Rolle des hungrigen Alligators schlüpfen und versuchen, die Kinder zu „fressen", sobald sie ins Wasser fallen!

Wie man spielt

1. Baue den Parcours auf und platziere Inseln und Boote auf dem Boden und den Möbeln.

2. Der Rest des Raumes ist „Wasser" und muss vermieden werden.

3. Die Kinder beginnen an einem Ende des Parcours und versuchen, das Ende zu erreichen, indem sie die Inseln und Boote nutzen, um das Wasser zu überqueren.

4. Das schnellste Kind gewinnt. Oder das Kind mit den meisten Punkten, falls du die Inseln und Boote mit einem Markierungssystem gekennzeichnet hast.

Themen, die du besprechen solltest: Wer ist am häufigsten reingefallen? Wer war am mutigsten? Welches Kind kann am besten balancieren und springen?

Indoor–Krocket

Über das Spiel: Dieses Spiel ist eine Abwandlung des traditionellen Rasen-Krocket, das deine Kinder in Bewegung versetzt! Es verbessert die Hand-Augen-Koordination, während die Kids ihre Bälle durch die „Tunnel" führen.

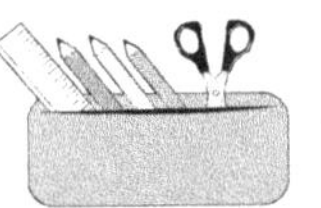 **Spielmaterialien:**

Karten oder Klopapierrollen, um die „Tunnel" daraus zu bauen. Zwei Bälle und zwei Schläger oder Stöcke, um die Bälle zu schlagen. Klebeband.

 **Benötigte Zeit:**

Fünfzehn Minuten.

Wie viele spielen mit: Zwei oder mehr.

Schwierigkeitsgrad: 2

 **Hilfreiche Tipps:**

Gestalte einige der Tunnel leichter zu durchqueren und andere schwieriger. Du gibst deinem Kind so schwierige Herausforderungen, sofern gewünscht, oder es kann auch eine einfache Route wählen, die leichter ist.

Wie man spielt

1. Baue den Parcours auf, indem du die Tunnel aus Pappe oder Klopapier-rollen auf den Boden legst. Bringe an jedem Tunnel Zahlen oder Anweisungen an.
2. Der erste Spieler muss den Ball durch jeden Tunnel schlagen, während er mitzählt, wie oft er den Ball dafür geschlagen hat.
3. Alle Mitspieler absolvieren den Parcours gleichzeitig und verlieren Punkte, wenn sie den Ball der anderen treffen sollten.

Themen, die du besprechen solltest: Was hat den Kindern an diesem Spiel besonders gefallen? Welche Tunnel waren am einfachsten? Würden sie gerne eine größere Version des Spiels spielen, sobald sie nach draußen gehen können?

Empfohlene Aktivitäten für jeden „Tunnel":

- Springe fünfmal auf und ab.
- Sage einen Kinderreim auf.
- Mache eine Vorwärtsrolle.
- Sing „Winke-Winke" dazu.

Bewegungskettenspiel

Über das Spiel: Dieses interaktive Spiel fördert die Gedächtnisleistung und Koordination der Kinder. Sie müssen sich merken, was die Mitspieler vor ihnen gemacht haben und dann ihre eigene Bewegung hinzufügen.

 **Spielmaterialien:**

Uhr.

 **Benötigte Zeit:**

Fünf Minuten.

Wie viele spielen mit: Mindestens vier Kinder.

Schwierigkeitsgrad: 2

Wie man spielt

1. Der erste Spieler beginnt die Kette mit einer einfachen Bewegung, z. B. indem er einmal mit der erhobenen Hand in die Luft springt.
2. Das zweite Kind macht es dann nach und fügt eine weitere Bewegung hinzu.
3. Das dritte Kind macht nun weiter und fügt seine Bewegung hinzu.
4. Die Kette geht so lange weiter, bis jemand einen Fehler macht und ausscheidet.
5. Die Kette beginnt dann wieder von vorne.
6. Das letzte Kind, das noch dabei ist, ist der Gewinner.

Themen, die du besprechen solltest: Wer hat sich die beste Bewegung ausgedacht? Wie viele Bewegungen waren in der längsten Kette enthalten? Wurde das Spiel mit weniger Kindern einfacher?

Lego–Farbenjagd

Über das Spiel: Dieses Spiel bietet zwei Möglichkeiten, um die Kinder zu beschäftigen. Zuerst müssen sie die Lego-Steine finden und dann etwas aus den Steinen bauen. Das fördert die Fähigkeit, sich nach der körperlichen Anstrengung zu entspannen und leise zu spielen, damit auch du dich zurücklehnen kannst.

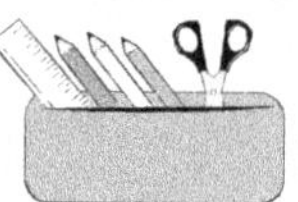

Spielmaterialien:

Vier farbige Stücke Baupapier und zehn Lego-Steine in den gleichen Farben.

Benötigte Zeit:

Dreißig Minuten.

 **Wie viele spielen mit:** 4 Teilnehmer.

Hilfreiche Tipps:

Du kannst das Spiel noch komplexer gestalten, indem du kompliziertere Lego-Steine hinzufügst, damit die Kinder nach dem Spiel detailliertere Objekte aufbauen können.

Wie wird gespielt?

1. Verstecke die farbigen Lego-Steine im Haus.
2. Weise jedem Kind eine Farbe zu und gib ihm das passende Papier dazu.

3. Sag ihnen, dass sie alle zehn Teile finden und zu ihrem Papier zurück-
    bringen sollen.
4. Ermutige sie dazu, die Lego-Steine ihrer Gegner wieder zu verstecken,
    damit sie gewinnen können.
5. Das Kind, das als erstes alle zehn Steine gefunden hat, ist der Gewinner.
6. Wenn alle Teile gefunden wurden, können die Kinder etwas mit allen
    Steinen und mehr bauen, während du dich entspannen kannst und ein
    heißes Getränk genießt.

Themen, die du besprechen solltest: Wer war der raffinierteste Mitspieler? Wer hat die Verantwortung für das Endprojekt übernommen? Braucht
ihr mehr Lego-Steine?

ACHTSAMKEIT IN DER NATUR

Der Druck, dem Kinder und Erwachsene in der heutigen hektischen Welt ausgesetzt sind, kann schnell überhand nehmen. Wenn du deinen Kindern aber beibringst, wieder zur Natur zurückzufinden, können sie sich besser konzentrieren, die negativen Auswirkungen von Mobbing abmildern und ihre Aufmerksamkeitsprobleme verringern. Einfache spielerische Aktivitäten helfen dabei, sich auf den eigenen Körper zu konzentrieren und innere Ruhe zu finden, sobald die Reizüberflutung zu viel wird.

Das Spiel der Sinne

Über das Spiel: Ziel des Spiels ist es, dass die Kinder alle ihre Sinne einsetzen, um die Dinge um sie herum zu erkennen und sich nicht nur auf das Sehen verlassen. Das lehrt sie, dass sie ein breites Spektrum an Sinnen nutzen können, um die Welt, in der sie leben, besser einschätzen zu können.

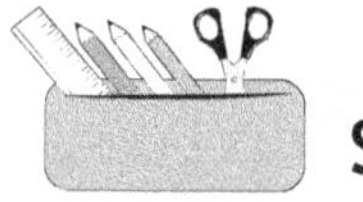 **Spielmaterialien:**

Augenbinden für jedes Kind, Gegenstände zum Erkennen. Papier und Stifte.

 **Benötigte Zeit:**

Fünf Minuten.

Wie viele spielen mit: 1 oder mehr Teilnehmer.

Schwierigkeitsgrad: 1

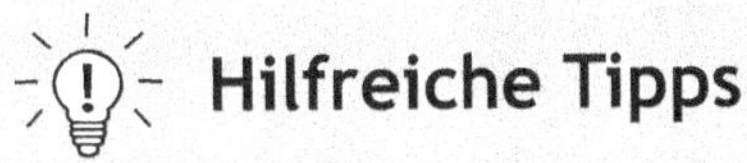 **Hilfreiche Tipps:**

Sei kreativ bei der Auswahl der Gegenstände. Stinkender Käse, Gelee, Wolle und andere Gegenstände sprechen verschiedene Sinne an und machen Spaß beim Ausprobieren.

Wie man spielt

1. Verbinde allen Kindern die Augen und setze sie an einen Tisch oder auf den Boden.
2. Beginnend mit dem ersten Kind gibst du ihm den Gegenstand und weist an, dass dieser Gegenstand weitergeben soll, ohne zu sagen, was es glaubt, dass es ist.
3. Nach den ersten drei Gegenständen sollen die Kinder die Augenbinden abnehmen und aufschreiben, was sie glauben, in den Händen zu halten.
4. Vergleicht die Antworten und vergebt Punkte für richtige Vermutungen.
5. Wiederhole den Vorgang, bis alle Gegenstände verwendet wurden.

Themen, die du besprechen solltest: Welcher Gegenstand war am schwersten zu identifizieren? Was war der gröbste Gegenstand? Welcher aller Sinne war am effektivsten?

Das achtsame Safari-Spiel

Über das Spiel: Das Ziel ist es, einen gewöhnlichen Spaziergang in eine spannende Aktivität und ein Spiel zu verwandeln. Die Kinder lernen, wie sie die kleinsten Lebewesen beobachten und sich merken können und wie sie in der Natur agieren. Das bietet eine Chance zur Beobachtung darüber, wie selbst die kleinsten Tiere und Insekten unter uns leben und dazu beitragen, wie die Welt funktioniert.

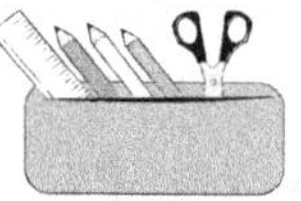 **Spielmaterialien:**

Notizbücher und Stifte für jedes Kind. Nachschlagewerke für Vögel, Insekten und andere Wildtiere für die Zeit nach der Rückkehr nach Hause.

 **Benötigte Zeit:**

Dreißig Minuten.

Wie viele spielen mit: 1 oder mehr Kinder.

Schwierigkeitsgrad: 2

 **Hilfreiche Tipps:**

Wenn möglich, wähle einen Ort, der voller Natur ist. In einem Wald gibt es viele Insekten und an einem Strand habt ihr eher gute Chancen, Meerestiere zu beobachten. Je interessierter die Kinder an ihren Safaritagen vorgehen, desto mehr verschiedene Ausflüge kannst du für sie zum Spielen einplanen.

Wie man spielt

1. Gib den Kindern je ein Notizbuch und einen Stift.
2. Gib ihnen den Auftrag, alle Lebewesen zu notieren, die sie sehen.
3. Sie sollten so viele Details wie möglich aufschreiben und dabei alle ihre Sinne einsetzen.
4. Sobald die Safari beendet ist und die Kinder wieder zu Hause sind, gib ihnen die Bücher, damit sie die Tiere, die sie gesehen haben, erforschen können.
5. Du kannst das Kind mit den detailliertesten Beschreibungen oder den meisten aufgezeichneten Tieren belohnen und Preise vergeben.

Themen, die du besprechen solltest: Was war das erstaunlichste Lebewesen, das die Mitspieler auf ihrer Safari gesehen haben? Haben die Krabbeltiere sie gestört oder fanden sie sie faszinierend? Wo würden sie das nächste Mal gerne zum Spielen hinfahren?

Therapiespiele im Internet

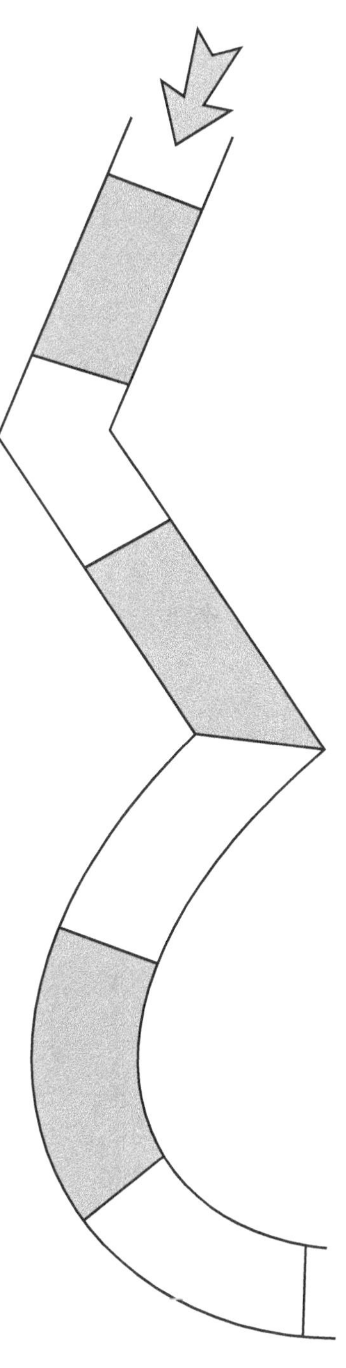

Manchmal musst du die Technologie nutzen und dabei auch Ressourcen im Internet einsetzen, auch wenn du es vorziehst, mit deinen Kindern von Angesicht zu Angesicht zu interagieren. Wenn Kinder nicht mit anderen Kindern oder Erwachsenen spielen können, müssen sie Zeit alleine verbringen, also nutze diese Zeit, um ihnen Fähigkeiten beizubringen und zu lernen, wie man miteinander umgeht. Viele Online-Spiele bieten zusätzliche Beschäftigung, wenn es mal nicht möglich ist, praktische Aktivitäten auszuüben.

Wenn du deinen Kindern beibringst, Online-Ressourcen effektiv zu nutzen, werden sie ihre Zeit zum Lernen nutzen und sich nicht von anderen Inhalten ablenken lassen, die weniger positiv wirken. Kinder können virtuell Freunde finden, mit denen sie sich austauschen können oder ihre echten Freunde dazu einladen, sich ihnen online anzuschließen. Richte eine Social-Media-Gruppe ein, in der auch die Eltern der Freunde deines Kindes vertreten sind, damit ihr euch zum Spielen verabreden könnt, sobald alle Kinder verfügbar sind. Auf diese Weise kannst du auch die Spiele im Rotationssystem überwachen, damit du weißt, dass deine Kinder immer sicher aufgehoben sind.

▶ Interaktive Kreativ-Tools

WITEBOARD.COM

Das ist ein einfaches digitales Zeichenwerkzeug, mit dem die Kinder malen und ihre Kunstwerke untereinander teilen können.

Ideen für kreative Spiele damit:
- Zeichnet drei Dinge, die repräsentieren, wie man sich im Moment fühlt. Bitte die anderen Kinder, aufzuschreiben, was sie denken, was du gerade fühlst. Wiederhole das Spiel mit allen Kindern.
- Spielt Hangman, um die Wortkenntnisse zu verbessern.
- Spielt Pictionary mit anderen Kindern.
- Zeichnet den Ort, an dem ihr wohnt.
- Zeichnet den Lieblingsort und bitte die Kinder, zu erraten, wo er liegt.
- Male dein eigenes Mandala aus.

....

Diese Seite ist ein wunderbarer Ort im Internet, um sich zu entspannen. Klicke einfach auf die Farbe, die dir gefällt, und male das virtuelle Mandala aus, um den Geist zu entspannen und eine beruhigende Aktivität auszuüben.

....

INSPIROGRAPH

Dies ist eine digitale Version des traditionellen Spirograph-Spiels, für das Kinder in der Vergangenheit besonders zu begeistern waren. Es verfügt über mehrere Werkzeuge, mit denen du erstaunliche Kunstwerke aus farbigen Spiralen und festen und rotierenden Rädern erstellen kannst. Du kannst die Bilder herunterladen und eine Galerie erstellen, in der andere sie betrachten können. Inspirograph ist der perfekte Weg, um gestresste Kinder (oder Erwachsene) zu beruhigen.

VIRTUAL MANIPULATIVES

Manchmal kann das Stapeln von Dingen oder das Ordnen von Elementen einer mathematischen Komponente Kindern helfen, ein Konzept zu visualisieren und ein tieferes Verständnis für das Thema zu erlangen. Diese Spiele sind auch perfekt geeignet, um die Konzentrationsfähigkeit zu verbessern und den Fokus zu schärfen.

MARBLE JAR

Stelle zu Beginn der Woche ein virtuelles Murmelglas für dein Kind auf. Jede farbige Murmel steht für eine gute Tat, eine Fähigkeit zur Bewältigung, ein Gefühl, das dein Kind erlebt hat, oder für etwas anderes, mit dem es Probleme hat. Ermutige dein Kind, am Ende eines jeden Tages in sein Glas zu schauen und die entsprechenden Murmeln hinzuzufügen, die zu den Erlebnissen des Tages passen. Am Ende der Woche solltet ihr einen Termin vereinbaren, an dem ihr darüber sprecht, was im Glas ist und wie es sich auf die Kinder ausgewirkt hat.

WHEELOFNAMES.COM

Dieses Tool wird von vielen Organisationen genutzt, um zufällige Namen für bestimmte Aufgaben auszuwählen. Kinder, die sich in bestimmten Situationen gestresst fühlen, können das ebenso nutzen, um für sich selbst Entscheidungen zu treffen, wenn sie angespannt sind. Wenn sie eine

To-Do-Liste haben und sich nicht entscheiden können, was sie zuerst tun sollen, listen sie einfach die Aufgaben auf dem Rad auf und drehen es, um zu sehen, was passiert, wenn es anhält.

Alternativ können sie auch die Namen ihrer Freunde auflisten und das Rad wie ein Spiel spielen. Wenn sie einen Namen aus dem Rad wählen, können sie die Gefühle aufzählen, die jeder Name auslöst. Eine andere Möglichkeit, das Rad zu benutzen, ist, es mit Aussagen zu beladen und dann herauszufinden, wen sie mit jeder Phrase assoziieren.

....

TELEHEALTH THERAPY SOURCES

Der Autor der Website hat diesen Internetinhalt erstellt, um der Notwendigkeit gerecht zu werden, dass Therapiesitzungen während Covid - 19 online durchgeführt werden können. Man entwickelte die Spiele, um Jugendlichen und jungen Erwachsenen bei der Bewältigung alltäglicher Herausforderungen zu helfen und ihnen einen sicheren Ort zum Entspannen zu bieten.

Der Therapeut, der die Seite erstellt hat, ist ein qualifizierter stärkenfokussierter Experte, der sich auf den Umgang mit allen Altersgruppen spezialisiert hat. Die Spiele sind in alphabetische Kategorien eingeteilt, von Wut bis Arbeit und sie enthalten effektive Methoden für den Umgang mit allen Problemen.

Einige der Spiele auf dieser Website:

- *WORRY BUGS*
  Das ist für Kinder im Alter von 5-10 Jahren geeignet und enthält fünfzehn einzigartige Käfer, die die Kinder auswählen und benennen

können und die sie durch eine Reihe von Spielen zum Thema Sorgen und Ängste führen. Bei jeder Aktivität lernen die Kinder etwas über Auslöser, Warnzeichen und den Umgang mit Ängsten.

- ***PROGRESSIVE MUSCLE RELAXATION***
Diese erholsame Übung ist für Kinder im Alter von 4-10 Jahren geeignet und hilft ihnen, ihre Muskeln anzuspannen und dann zu entspannen und ihre Angstgefühle zu kontrollieren. Es handelt sich hierbei um eine geführte Audioaktivität, die den Kindern hilft, zwischen Stress und Entspannung zu unterscheiden.

- ***THE LITTLE LION WHO LOST SOMEBODY - DER KLEINE LÖWE, DER JEMANDEN VERLOREN HAT***
Diese ist eine Geschichte über einen heranwachsenden normalen Löwen, der Fußball mag und gerne mit seinen Freunden spielt, aber nachdem jemand Nahestehendes gestorben ist, fühlen sich die Dinge plötzlich anders an. In der Geschichte wird offen über den Tod und das Sterben gesprochen, deshalb solltest du das Material vorher durchlesen, um sicherzustellen, dass es für dein Kind geeignet ist. Begleite den Löwen dabei, wie er lernt, über seine Gefühle zu sprechen und wie er seine Trauer durch Aktivitäten ersetzen kann, die ihm helfen, weiterzumachen. Er findet verschiedene Möglichkeiten, sich an seinen verlorenen Freund zu erinnern und seine Gefühle mit seiner Familie zu besprechen.

- ***MENTAL HEALTH BINGO - DAS BINGOSPIEL FÜR DIE MENTALE GESUNDHEIT***
Dies ist ein klassisches Bingospiel mit einer psychologischen Therapiekomponente. Es ist für Kinder ab 13 Jahren geeignet und eignet sich hervorragend, um Gespräche in Gang zu bringen. Jeder Spieler hat ein Spielbrett und klickt auf die Schaltfläche „Spiel begin-

nen". Dann springt ein Ball auf den Bildschirm, der eine Kategorie und eine Antwort enthält. Die Mitspieler suchen auf ihrem Spielbrett nach der entsprechenden Antwort und markieren sie, wenn sie erschienen ist. Der erste Spieler mit einer vollständigen Reihe von Kreuzen ist der Gewinner.

- ***THE CANGAROO WHO COULDN'T SIT STILL - DAS KÄNGURU, DAS NICHT STILLSITZEN KONNTE***

Dieses Känguru ist ein ganz normales Tier, das gerne mit seinen Freunden spielt und immer fröhlich und voller Enthusiasmus ist - eigentlich sogar mit zu viel Enthusiasmus, denn es bekommt ständig Ärger, weil es nicht stillsitzen kann. In der Schule steht es immer auf und vergisst darüber, seine Aufgaben zu erledigen. Seine Freunde fanden das früher witzig, aber jetzt sind selbst sie genervt von seinen Streichen.

Begleite das Tier dabei, wie es etwas über ADHS lernt und wie es mit seinen Symptomen umgehen kann. Es lernt drei praktische Bewältigungstechniken, die ihm helfen, mit ADHS umzugehen: tiefes Durchatmen, eine Routine zu entwickeln und praktische Methoden, um sich zu organisieren. Dieser Onlineinhalt ist ideal, um deinem Kind zu helfen, wenn ADHS diagnostiziert wurde.

- ***THE ANGRY MONKEY - DER WÜTENDE AFFE***

Diese Geschichte ist für Kinder zwischen 4 und 10 Jahren geeignet und behandelt die Themen Angst, Sorgen und Wut. Begleite den wütenden Affen, wenn er etwas über Auslöser, Warnzeichen und Warnsignale für Wut erfährt. Er hilft den Kindern zu verstehen, was Wut ist und gibt ihnen eine Tabelle zum Ausmalen, auf der sie die Teile ihres Körpers identifizieren können, die von Wut beeinflusst sind.

- *TIMOCCO*

Die Online-Therapiespiel-Ressource Timocco bietet zahlreiche Spiele für Kinder mit besonderen Bedürfnissen. Ergotherapeuten haben sie entwickelt, um die motorischen und kognitiven Fähigkeiten des Kindes über eine Webcam zu fördern, während es spielt. Sie überwachen und protokollieren die Fortschritte und bieten über fünfzig Spiele an, die die Fähigkeiten der Kinder fördern.

Du musst die App herunterladen und sie mit deiner Webcam verbinden. Dein Kind wählt dann zwei runde, unterschiedlich gefärbte Objekte aus, meist rot und grün, damit die Bewegungen auf dem Bildschirm verfolgt werden können. Es gibt viele Objekte, die sich eignen, z. B. Obst, farbige Behälterdeckel und normale Bälle.

Die Spiele, aus denen du wählen kannst:

- *Shoot for the stars - Schieße auf die Sterne:* Um das neue Jahr zu feiern, werden Feuerwerkskörper auf Ziele gerichtet. Dieses Spiel verbessert die motorischen Fähigkeiten, die visuelle Wahrnehmung, die Hand-Augen-Koordination, die Reaktionsgeschwindigkeit und die Aufmerksamkeit.

- *Bullseye - Das Bullenauge:* Ein einfaches Schießspiel, das Motorik, Genauigkeit und Aufmerksamkeit fördert.

- *The Hungry Frog - Der hungrige Frosch:* Hilf dem Frosch, sein Abendessen zu fangen, und fördere das Zählen und die Zahlenerkennung, die visuelle Wahrnehmung und den Bewegungsradius.

- *Fish Spell - Fische buchstabieren:* Ziel des Spiels ist es, das Wort zu buchstabieren, um die Schatztruhe zu öffnen und die darin enthaltenen Leckereien einzusammeln. Dieses Spiel verbessert die Lese- und Schreibfähigkeit, die visuelle Wahrnehmung und das Unterscheidungsvermögen.

- *Aliens in Space - Außerirdische im Weltraum:* Halte die Invasoren aus dem Weltraum davon ab, die Erde zu erobern, und verbessere die motorische Kontrolle, die Genauigkeit, die Aufmerksamkeit und die visuellen Wahrnehmungsfähigkeiten.

- *Bubbles - Seifenblasen:* TDie Mitspieler müssen die Seifenblasen mit den richtigen Zahlen zum Platzen bringen, um ihr Bewegungstempo, ihre bilaterale Koordination und ihre Aufmerksamkeit zu verbessern.
- *Lottery - Lotterie:* Spiele Lotto und versuche zu gewinnen, um deine motorischen Fähigkeiten und dein Zahlenverständnis zu verbessern.
- *Paintball:* Ziele auf die Zielscheiben, um die Genauigkeit und Effizienz zu verbessern.

Timocco ist der perfekte Ort für Kinder mit besonderen Bedürfnissen, aber die Spiele sind dennoch sehr effektiv, um jüngeren Kindern grundlegende Fähigkeiten zu vermitteln. Sie sind so konzipiert, dass sie Kinder ansprechen und sie unterhalten, während sie lernen.

- *THE COUNSELING PALETTE*
Dies ist eine weitere großartige Quelle im Internet, die sich an Kinder aller Altersgruppen und Erwachsene richtet. Sie bietet therapeutische Spiele an, die eine Beziehungsebene aufbauen und wichtige Bewältigungskompetenzen und andere hilfreiche Konzepte vermitteln können.

Zu den angebotenen Spielen gehören:
- *CBT ISLAND QUEST*
Dieses Spiel ist für Kinder ab 11 Jahren geeignet. Die Mitspieler nutzen es, um Diskussionen und Interaktionen untereinander anzuregen. Das Spielbrett sieht aus wie eine Insel und bietet zwei Optionen, aus denen alle wählen können. Kinder können online

spielen oder das Spiel herunterladen und ausdrucken, damit sie ein physisches Spiel zur Hand haben. Es gibt Aufforderungskarten, die die Achtsamkeit fördern, und Szenariokarten, die den Spielern eine Situation vorgeben, mit der sie umgehen müssen. Das Spiel ist unglaublich anpassungsfähig und du kannst es individuell an alle Bedürfnisse anpassen.

- *GREATEST DBT BOARD GAME*
Das Spiel ist so gestaltet, dass es wie ein Jahrmarkt aussieht und kann online gespielt oder ausgedruckt werden. Dies ist ein einfaches Würfelspiel, das im Laufe des Spiels einige überraschende Wendungen bereithält. Folgende Kategorien werden abgedeckt:
- Achtsamkeit
- Zwischenmenschliche Effektivität
- Stresstoleranz
- Emotionale Regulation

Da das Spiel auf der dialektischen Verhaltenstherapie basiert, ist dies ein effektives Mittel, um Kindern die Möglichkeit zu geben, ihre Gefühle zu äußern und mit denjenigen zu kommunizieren, die ihnen helfen können.

- *FEELOPOLY*
Obwohl dieses Spiel auf dem klassischen Monopoly-Spiel basiert, ist es nicht wettbewerbsorientiert. Es gibt den Spielerinnen und Spielern somit die Möglichkeit, im Team zu arbeiten und eine Task Force zu bilden, die alle Gefühle auf dem Spielbrett bewertet. Das deckt alle Konzepte ab, die mit Emotionen und deren Kontrolle zu tun haben und hält mehrere effektive Aufforderungen parat, die Folgendes abdecken:
- Emotionen benennen

- Gefühle validieren, individuell und bei anderen Menschen
- Der Umgang mit überwältigenden Gefühlen
- Die Trennung der Gefühle von Verhaltensweisen
- Effektive Kommunikation
- Emotionalen Kummer sicher mit anderen teilen

Die Antwortkarten und Aufforderungen beinhalten Folgendes:

1. Schildere ein Gefühl, das du in letzter Zeit empfunden hast und was dich dazu veranlasst hat.
2. Was ist der Unterschied zwischen einem Gefühl und einem bestimmten Verhalten?
3. Wann ist es deiner Meinung nach angemessen zu weinen und wann nicht?
4. Wie fühlt sich das Gefühl (z.B. Scham) in deinem Körper an?
5. Warum sollte jeder seine Gefühle zulassen können?
6. Gefühlsspiel

Dieses kindgerechte Spiel besteht aus zwei Kartenstapeln, bei denen es darum geht, Gefühle zu erkennen und zu benennen. Die Decks mit Einhorn- und Drachenmotiven sprechen Kinder und solche, die es werden wollen, besonders an. Die Illustrationen und Inhalte geben den Kindern das Gefühl, dass sie an einem sicheren Ort sind, an dem sie Folgendes erreichen können:

- Lernen, Gefühle zu erkennen
- Den Wortschatz weiterzuentwickeln, um ihre Gefühle auszudrücken
- In der Gruppe arbeiten, um mit Gefühlen umzugehen
- Wie man in emotional aufgeladenen Situationen das Eis brechen kann
- Über Auslöser sprechen
- Die Karten benutzen, um ihre Gefühle zu identifizieren

Erweitere einfach die Kartenstapel um weitere Bewältigungsstrategien zu nutzen!

- **TABU**

  Dieses Spiel ist bereits ein Riesenerfolg gewesen, aber auch die Online-Version ist eine effektive Methode, um mit deinen Kindern über Emotionen und Gefühle zu sprechen. Füge deine eigenen Karten und Aufforderungen hinzu, um das Spiel an deine Bedürfnisse anzupassen.

- **DIE APP „DAS DREIECK DES LEBENS"**

  Diese App wurde entwickelt, um Kindern im Alter von 8 bis 12 Jahren zu helfen, mit ihren Gefühlen umzugehen und emotionale Hürden zu überwinden. Indem sie in einer Dschungelgeschichte in die Rolle des Löwen schlüpfen, lernen sie, ihre Gedanken und Gefühle zu verstehen und wie diese ihr Verhalten beeinflussen. „The Triangle of Life" ist eine kostenlose App, die bei iTunes heruntergeladen werden kann und ein mobiles Spiel, das Kindern helfen soll, Traumata zu überwinden und zu lernen, wie sie negative Gedanken durch positive ersetzen können.

- **KREATIVE VR-SPIELE**

  Es gibt etliche Virtual-Reality-Spiele, die online verfügbar sind. Diese bieten Eltern verschiedene Möglichkeiten, Szenarien zu kreieren, die ihre Kinder erleben können. Diese können Kindern dabei helfen, ihren sicheren Rückzugsort zu finden, in dem sie dem Stress der realen Welt entfliehen können, während sie neue Umgebungen erleben. Es gibt zu viele, um sie alle aufzuzählen, aber VR ist ein effektives Konzept für Therapiemöglichkeiten und lässt deine Kinder die virtuelle Welt auf sichere Weise entdecken.

Fazit

Spiele machen doch echt Spaß, oder? Und nun stehen euch gleich so viele zur Verfügung, dass ihr eure gemeinsamen Spielstunden mit lustigen und fantasievollen Möglichkeiten ausfüllen könnt, um auch ein guter Elternteil oder Betreuer zu sein und sogar noch Spaß zu haben. Spielt einfach weiter und denk daran, unbeschwerten Spaß zu haben! Viel Glück auf deinem Weg, die Freude am Spielen zu erlernen!

Verweise

"7 Simple but Powerful Anger Management Activities for Kids." Parents with Confidence, 30 May 2019, parentswithconfidence.com/anger-management-activities-kids/.

12 Best Stress Relief Games for Kids 2023 | close to Nature. 28 Dec. 2021, close-to-nature.org/12-best-stress-relief-games-for-kids#:~:text=These%2012%20Stress%20Relief%20Games%20For%20Kids%20That.

"13 Grief and Loss Group Activities for Kids and Adults | Cake Blog." Www.joincake.com, www.joincake.com/blog/grief-group-activities/.

"15 Grief Activities for Kids from Elementary to Teens." Www.betterplaceforests.com, www.betterplaceforests.com/blog/articles/15-grief-activities-for-kids-from-elementary-to-teens.

30 Creative Team Building Activities for Kids - Teaching Expertise. www.teachingexpertise.com/classroom-ideas/team-building-activities-for-kids/.

"31 Social Skills Activities and Games for Kids (Young Children, Teens, Autism & Group Activities)." Very Special Tales, 11 June 2022, veryspecialtales.com/social-skills-activities-for-kids/.

Ackerman, Courtney. "25 Fun Mindfulness Activities for Children and Teens (+Tips!)." PositivePsychology.com, 3 Feb. 2017, positivepsychology.com/mindfulness-for-children-kids-activities/.

Cindy. "15 Fantastic Logic and Critical Thinking Games." Our Journey Westward, 5 Dec. 2019, ourjourneywestward.com/logic-and-critical-thinking-games/.

Clara. "9 Social Skills Games: Fun Ways to Approach Social-Emotional Learning." Very Special Tales, 20 Mar. 2021, veryspecialtales.com/social-skills-games/.

"Easy and Classic Outdoor Games That Kids (and Parents) Love." Verywell Family, www.verywellfamily.com/great-outdoor-games-for-kids-620396.

KidsInTheHouse2. "Fun Games & Activities to Build Self-Confidence in Your Kid." Kids in the House, 1 Feb. 2021, www.kidsinthehouse.com/blogs/kidsinthehouse2/fun-games-activities-to-build-self-confidence-in-your-kid.

LCSW, Jennie Lannette. "35 Top Therapy Games | for Kids, Adults, Teens, & Groups." Counseling Palette, 22 Feb. 2022, www.thecounselingpalette.com/post/therapy-games-for-kids-adults-groups.

Marelisa. "12 Board Games for Developing Thinking Abilities and Life Skills." Daringtolivefully.com, 17 Apr. 2016, daringtolivefully.com/board-games-and-life-skills.

MentalUP Brain Games. "Logical Reasoning and Thinking Games for Kids | MentalUP." MentalUP, 2020, www.mentalup.co/mind-games.

Milligan, Tasha. "Grief Games: Counseling Games to Help Children with Grief and Loss." Pathwaystopeace, 25 June 2022, www.pathwaystopeacecounseling.com/post/grief-games#:~:text=Grief%20Games%3A%20Counseling%20Games%20to%20Help%20Children%20with.

Momof1. "31 Fun Team Building Games for Kids." Parenting Healthy Babies, 2 Jan. 2019, parentinghealthybabies.com/team-building-games/.

Over 50 Fun Online Therapy Games That Develop Skills. www.timocco.com/page-games/.

Ph.D, Jeremy Sutton. "28 Best Therapy Games for Healing through Play." PositivePsychology.com, 3 Nov. 2022, positivepsychology.com/therapy-games/.

Positive Action Staff. "20 Evidence-Based Social Skills Activities and Games for Kids." Www.positiveaction.net, 14 Oct. 2020, www.positiveaction.net/blog/social-skills-activities-and-games-for-kids.

"Social Skills Support Groups: 10 Helpful Activities & Games." PositivePsychology.com, 9 Sept. 2021, positivepsychology.com/social-skills-groups/.

Stanford Children's Health. "The Growing Child: School-Age (6 to 12 Years)." Stanfordchildrens.org, 2019, www.stanfordchildrens.org/en/topic/default?id=the-growing-child-school-age-6-to-12-years-90-P02278.

"The 20 Best Self-Esteem Activities for Kids." The Happiness Coach, thehappinesscoach.com/self-esteem-activities-for-kids/.

www.ingramcontent.com/pod-product-compliance
Lightning Source LLC
Chambersburg PA
CBHW080913260726
48661CB00009B/3640